（宋）蘇軾 撰

明成化本東坡七集

第一三册

國家圖書館出版社

第一三册目録

東坡後集二十卷（卷第十二—十六）

祭文……一六六

東坡後集卷第十二

表狀劄子

詞免翰林學士承旨狀三首

乞候坤成節上壽訖復遂前請狀一首

謝宣召入學士院狀二首

謝賜對衣金帶馬狀二首

笏記二首　詞免兼侍讀劄子一首

謝兼侍讀表二首

謝三伏早休表二首

謝除龍圖閣學士知潁州表二首

詞免翰林學士承旨第一狀

右臣今月二十八日奉勑已除臣翰林學士承旨左
朝奉郎知制誥詔書到日可依條交割公事訖乘遞
馬疾速發來赴闕臣已於當日依條交割公事訖伏
念臣頃以兩目昏暗左臂不仁堅詞禁林得請便郡
庶緣靜退少養衰殘二年于茲一事無補才有限而
難強病不減而益增但以東南連被災傷不敢陳乞
別求安便敢謂仁聖尚賜恩憐召還故官復加新寵
不惟朝廷公議未允實亦衰病勉強不前兼竊覩邸
報臣弟轍已除尚書右丞兄居禁林弟為執政在公
朝既合迴避於私門實懼滿盈計此誤恩必難安處

伏望　聖慈除臣一郡以息多言臣見起發前去至
宿泗閒聽候指揮謹録奏聞伏候勑旨

第二狀

右臣近蒙恩除翰林學士承旨臣以衰病不才難居
禁近兼以弟轍忝與執政理合回避奏乞除臣一郡
今奉詔書未賜開允恩威之重霈若雷雨豈臣孱陋
所敢固違伏念臣自去闕庭日加衰白故疾不愈舊
學已荒更冒寵榮必速顛躓而況清要之地衆所奔
趨兄弟迭居勢難安處正使緣力辭而獲譴猶賢於
忝冒而致災伏望　聖慈察臣誠懇特賜除臣知揚

越陳蔡一郡臣今已到揚州迤邐前去南京以來聽候指揮干冒天威臣無任戰恐待罪之至謹録奏聞伏候勑旨

第三狀

右臣近蒙恩除翰林學士承旨臣以衰病不才難居禁近兼以弟轍備位執政理合囘避尋兩次奏乞除臣一郡準尚書省劄子三省同奉聖旨依前降詔書不允者臣之愚慮終以弟轍親嫌於義未安竊見仁宗朝王洙為學士以其從子堯臣叅知政事故罷臣今來欲乞依王洙故事囘避仍乞檢會前奏除

臣揚越陳蔡一郡屢犯天威臣無任戰恐待罪之至

謹録奏聞伏候勑旨

乞候坤成節上壽訖復遂前請狀一首

右臣近奏乞依王洙故事罷翰林學士承旨仍乞一

郡奉　聖旨依累降指揮不允者銜戴恩慈怵迫威

命已經三却其敢固違已於今月二十九日赴閤門

祗受告命訖然臣衰病日加心力難強覥嫌之避愚

守不移伏見坤成節在近欲候上壽訖復遂前請勉

強供職庶表見臣子恭順之心逡巡力詞蓋終存典

刑分義之守謹録奏聞謹奏

謝宣召入學士院二首

右臣今月十一日翰林待詔梁迪至臣所居奉宣
聖旨召臣入院充學士承旨使星下燭生蓬蓽之光
華天澤旁流失桑榆之枯槁國有用儒之盛士知稽
古之榮伏以翰墨之林號稱內相文章之外不取他
才至於用人可以觀政文武並用或成頗牧之功邪
正雜居至有伾文之患惟貴且近故難其人而況金
鑾玉堂親被絲綸之密北廳東閣獨稱年德之高必
有異人以齊衆口而臣本緣衰病出守江湖以一方
凋弊之餘當二年水潦之厄戴星而治僅免流離及

瓜而還怳如夢寐交親迎勞都邑聚觀驚華髮之半
空笑丹心之未折宜投閑散以養衰殘豈期過採於
虛名復使榮加於舊物此蓋伏遇　皇帝陛下德如
乾健明配日中既祖述於堯仁復躬行於舜孝才難
之歎人誦斯言緣　先帝之德音收孤臣於散地言
雖直而無罪身愈遠而益親委曲保全始終録用臣
敢不更磨朽鈍少補涓埃難得者時未有捐軀之會
勿欺而犯誓無患失之心臣無任感天荷聖激切屏
營之至謹録奏謝以聞謹奏

又

右臣今月十一日翰林待詔梁迪至臣所居奉宣
聖旨召臣入院充學士承旨者衰遲無用寵既溢於
當年眷待有加恩復隆於晚節使華臨貴天語丁寧
聳里巷之驚觀歎朝廷之用舊伏以禁林分直法本
六人帝語親承舊惟一老不緣名次之先後斷自上
心之簡求冠内朝供奉之班極儒者遭逢之盛凡膺
此選宜得異材而臣本以愚忠累塵器使初無已試
之效但有過實之名千里闕庭二年江海憂深投杼
豈無三至之言詔復賜環不待一人之譽此蓋伏遇
太皇太后陛下道無私載公生至明以七年之照

臨觀羣臣之邪正知臣剛褊自用雖有寬饒之狂察
臣招麾不移庶幾長孺之守故還舊物益茂新恩臣
敢不早夜以思死生不易雖桑榆之景已迫殘年而
犬馬之心猶思後效

謝賜對衣金帶馬狀二首

右臣伏蒙　聖慈以臣入院特賜衣一對金腰帶一
條并魚袋鍍金銀鞍轡馬一匹者漢官三服已分密
麗之珍唐監八坊復下權奇之駿拜嘉甚寵省己何
功伏念臣受材迂踈賦命寒蹇幼師季路止服緼袍
長慕少游欲乘下澤目眩重金之耀神驚四牡之良

俛仰自惟周章失次此蓋伏遇　皇帝陛下憂勤黎
庶寤寐儁賢故損廐庫之儲以廣英雄之彀致兹孱
陋亦被寵光臣敢不求稱于衷益鞭其後薄德盛服
當戒維鵜之篇強力安邦庶幾有駜之頌臣無任感
天荷聖激切屏營之至謹録奏謝以聞謹奏

又

右臣伏蒙　聖慈以臣入院特賜衣一對金腰帶一
條幷魚袋金鍍銀鞍轡馬一匹者鏤錫金軛示有馳
驅之勞實帶襲衣豈無約束之義上既循名而責實
下當因物以貢誠伏念臣少則賤貧長而困阨仲卿

龍具追晏子之一裘伯厚雞栖陋景公之千駟無功
拜賜服寵汗顏顧惟何人膺此異數此蓋伏遇
太皇太后陛下躬行慈儉德貫天人約於奉己而侈
於養賢嚴於私親而寬於馭衆憐其朽鈍借以光華
臣敢不衣被訓詞服勤鞭箠惟德其物永觀不易之
言思馬斯徂更厲無邪之志

笏記二首

臣蒙恩授翰林學士承旨知制誥兼侍讀者出膺閫
寄入長禁林皆儒者之極榮豈駑材之所稱此蓋伏
遇 皇帝陛下法天凝命稽古象賢摠攬群英兼收

小器欲效涓塵之報未知糜隕之期臣無任感天荷

聖激切屏營之至

又

臣蒙恩授翰林學士承旨知制誥兼侍讀者出守無

功方期竄逐召還何幸復玷清華此蓋伏遇　太皇

太后坤載沉潛毋慈均一既陶甄於頑鑛復封植於

散材誓卒餘生少圖來效臣無任感天荷聖激切屏

營之至

詞免兼侍讀劄子

臣近準閤門告報己降告命除臣兼侍讀者臣以迂

愚本無學術出從吏役益復空疎竊位禁林已難久處而況天縱之學已集大成非臣孱微所可仰望伏望聖慈追寢成命以授能者所有告命未敢祗受取進止

謝兼侍讀表二首

臣軾言今月四日伏奉告命除臣兼侍讀者用非其分寵至若驚滿溢之憂逡巡莫避臣某誠惶誠恐頓首頓首伏念臣與弟轍同登進士並擢賢科内外分掌於制書先後迭居於翰苑今臣以經史入侍司言行于中轍以丞轄立朝督綱條于外恭承明詔不許

固辭以爲兄弟之同升自是朝廷之盛事承明三入
僅此古人大雅一門無慙舊史人非木石恩重丘山
恭惟　太皇太后陛下明極照臨憂深付託欲爲社
稷之衛莫如臣僕之賢以帝堯之哲而甚畏於壬人
以孔子之聖而思見於狷者致兹選擢驟及迂愚臣
敢不淬厲初心激昂晚歲誓堅必死之節少報不貲
之恩臣無任感天荷聖激切屏營之至謹奉表稱謝
以聞臣某誠惶誠恐頓首謹言

又

臣軾言今月四日伏奉告命除臣兼侍讀者叨承新

命祇服訓詞薄技已窮舊恩未替臣某誠惶誠恐頓
首頓首伏念臣志大而才短論迂而性剛以自用不
同之心處衆人必爭之地不早退縮安能保全是以
三年翰墨之林屢遭飛語再歲江湖之上粗免煩言
豈此身愚智之殊蓋所居閑劇之致臣之自處何者
為宜而況講讀之司帷幄最近分章摘句則何以報
非常之知因事獻言又必貽前日之患雖仰恃天日
之照實常負冰淵之虞恭惟　皇帝陛下大德庇
民小心順帝雖天覆地載以聖不可知為神而日就
月將以學而不厭為智曲收舊物以廣多聞臣敢不

職思其憂本無分於中外欲報之徳誓不易於死生

臣無任感天荷聖激切屏營之至謹奉表稱謝以聞

臣某誠惶誠恐頓首頓首謹言

謝三伏早休表二首

大火既中三庚云伏炎熹之病貴賤所同忽蒙退食之恩遂失流金之酷恭惟　皇帝陛下仁均動植明燭幽微上有無逸之勤下無獨賢之歎臣等逢時多暇竊禄安居共揚扇暍之風以安黎庶更勵飲冰之節少荅生成臣等無任仰天荷聖激切屏營之至

又

星火見而金微日方可畏朝氣銳而晝惰恩獲少休
上既知勞下皆忘暑恭惟　太皇太后陛下勞謙
恭己內恕及人雖天地無一物之私而父母有至誠
之愛臣等仰蒙寬假動獲便安未明無顛倒之衣省
循何幸夙退有委蛇之食歌詠而歸臣等無任仰天
荷聖激切屏營之至

謝除龍圖閣學士知潁州表二首

臣軾言伏蒙　聖恩以臣累章乞郡除臣龍圖閣學
士知潁州者引嫌求避顧舊典之甚明易職寵行荷
新恩之至厚踈愚自省慙悚交并中謝伏念臣學陋

無聞性迂難合受四朝之知遇竊五郡之藩宣吴會二年但坐糜於廩禄禁林數月曾未補於絲毫敢冀殊私復還舊物恭惟太皇太后陛下仁涵動植明燭幽微知臣獨受於聖知欲使曲全於晚節憐其無用許以少安凡力請八章而後從使不爲一乞而遽去在臣進退可謂光榮雖老病懷歸已功名之無望而衷誠思報尚生死之不移臣無任感天荷聖激切屏營之至謹奉表稱謝以聞

又

臣軾言伏蒙聖恩以臣累章乞郡除臣龍圖閣學

士知潁州者備貟經席幸依日月之光引避親嫌實有簡書之畏恩還舊職寵寄近藩衰朽增華省循知愧中謝伏念臣生無他技天與愚忠雖所向之奇窮獨受知於仁聖力求便郡蓋常懷老退之心伏讀訓詞有不為朕留之語殊私難報危涕自零恭惟

皇帝陛下緝熙光明剛健篤實方收文王之四友以集孔子之大成而臣茍念餘生之安莫伸一割之用桑榆暮齒恐遂竄至而莫償犬馬微心猶恐蓋棺而後定臣無任

謝賜對衣金帶馬狀二首

右臣伏蒙　聖慈特賜臣對衣一襲金腰帶一條銀鞍轡馬一匹者錫之上駟敢忘致遠之勞佩以良金無復忘腰之適執鞭請事顧影知慚恭惟　皇帝陛下禹儉中脩堯文外煥長轡以御率皆四牡之良所寶惟賢豈徒三品之貴出捐車服收輯事功而臣衰不待年寵常過分枯羸之質匪伊垂之而帶有餘歛退之心非敢後也而馬不進徒堅晚節難報深恩臣無任

又

右臣伏蒙　聖慈特賜臣對衣一襲金腰帶一條銀

鞍轡馬一匹者出笥之珎以旌有德在坰之駟豈及無功而臣首尾四年叨塵三錫省躬内灼服寵汗流恭惟

太皇太后陛下慈儉自居龍光四達德被海宇豈惟一襲之衣恩結華夷何止十圍之帶群賢在馭六轡自調而臣頃以衰羸止求安便奉宣德意庶幾五袴之謡收斂壯心無復千里之志更期力報有愧空言臣無任

潁州謝到任表二首

臣軾言伏蒙

聖恩除臣龍圖閣學士知潁州臣已於今月二十二日到任訖者避嫌引疾慙無國士之

風識分知難粗守人臣之節曲蒙温詔遂假名邦已見吏民惟知感怍臣某中謝伏念臣早緣多難無意軒裳晚以虚名偶塵侍從雖云時可每與願違既未決於歸田故力求於治郡慈母愛子但憐其無能明君知臣終護其所短自欣投老漸獲安身此蓋伏遇

太皇太后陛下慈儉臨民剛柔布政忝天地而有信喜怒不陳體水鏡之無心忠邪自辨致兹愚直亦克保全雖任職居官無過人者而見危授命蓋有志焉臣無任

又

臣軾言伏蒙　聖恩除臣龍圖閣學士知潁州臣已於今月二十二日到任訖者支郡責輕未即滿盈於小器豐年事簡非徒飽暖於一家覽几席之溪湖雜簿書於魚鳥平生所樂臨老獲從臣某誠惶誠恐頓首頓首伏以汝潁為州邦畿稱首土風備於南北人物推於古今賓主俱賢蓋宗資范孟博之舊治文獻相續有晏殊歐陽脩之遺風顧臣何人亦與茲選此蓋伏遇

皇帝陛下丕承六聖揔攬群英生知仁孝之全學識文武之大謂臣簪履之舊物嘗忝帷幄之近臣奉事七年崎嶇一節意其忠義許國故暫召

還察其老病畏人復許補外置之安地養此散材更少勉於桑榆誓不忘於畎畝臣無任

賀德音表二首

臣軾言伏覩九月二十七日德音以上清儲祥宮成減决四京及諸道見禁罪人者靈光下燭慶新宮之落成霈澤旁流洗庶獄之多罪散爲和氣坐致豐年臣某誠歡誠抃頓首頓首臣聞舜禹之心以奉先爲孝本釋老之道以損己爲福田永惟坤作之成每辭天下之養卑宮何陋大練爲安故能捐萬金之資以成二聖之意爲國迎祥而國無所費與民祈福而民

不知勞鑾輅親臨神靈昭格觀士女之和會既同其
休念囹圄之幽囚或非其罪用孚大號以達惠心恭
惟　太皇太后陛下恭儉以仁明哲作則愛惜帑
廩不供浮費之私重慎典刑每存數赦之戒一寬湯
網衆識堯心臣以從官出臨近甸率吏民而拜慶助
父老之歡謡永望闕庭實同咫尺臣無任

又

臣軾言伏覩九月二十七日德音以上清儲祥宫成
減決四京及諸道見禁罪人者琳館告成神人交慶
綸音下霈過故盡除臣某誠歡誠抃頓首頓首臣聞

漢武築通天之臺魏明作淩雲之觀皆厲民而私己或祕祝以蘄年然猶形於詠歌被之金石而況文孫繼志神毋考祥追六聖之心本枝百世均萬方之慶囹圄一空豈惟洗濯於丹書固已光華於青史恭惟

皇帝陛下知人堯哲克己禹勤積德之宮以文章爲藻飾庇民之厦以仁義爲基扃眷樸斲之成能亦聖神之餘事臣久忝法從夙侍經幃樂石銘詩雖幸執太史之筆大圭薦祼不獲踐屬車之塵徒與吏民共茲慶澤臣無任

賀興龍節表一首

臣軾言天佑我邦祥開是日山川貢瑞日月增華臣
某誠歡誠抃頓首頓首伏以上聖所儲有慈儉不爭
之寶輿情共獻蓋憂勤無逸之龜不待禱祠而求自
然天人之應恭惟　皇帝陛下堯仁舜孝禹勤湯
寬德莫大於好生故以不殺爲神武道莫尊於問學
故以所聞爲高明錫厥庶民嚮用五福臣備員內閣
出守近畿雖違咫尺天威乃身在外而上千萬歲壽
此意則同臣無任

賀駕幸太學表二首

臣軾言恭聞十月十五日　駕幸太學者畢回原廟

既崇廣孝之風幄次儒宫復示右文之化禮行一日
風動四方臣某誠懽誠抃頓首頓首臣聞五學之臨
三代所共蓋天子不敢自聖而盛德必有達尊在漢
永平始舉是禮雖臨雍拜老有先王之規而正坐自
講非人主之事豈如允哲退託不能奠爵伏輿意默
通於先聖橫經問難言各盡於諸儒恭惟　皇帝
陛下文武憲邦聰明齊聖大度同符於　藝祖至仁
追配於　昭陵故舉舊章以興盛節臣早塵法從久
侍經幃永矣馳誠想聞合語於東序斐然作頌行觀
獻馘於西戎臣無任

又

臣軾言恭聞十月十五日　皇帝駕幸太學者濟
濟多士靈承上帝之休雍雍在宮服膺文母之教風
傳海宇慶溢臣工臣某誠歡誠抃頓首頓首臣聞學
校太平之文而以得士為實經術致治之具而以愛
民為心心既立而具乃行實先充而文斯應永惟坤
載之厚輔成天縱之能惟使文子文孫莫不仁故於
先聖先師無所愧恭惟　太皇太后陛下憂深祖構
德燕孫謀黃裳之文斧藻萬物青衿之政長育群材
豈惟鼓舞於士夫實亦光華於史册臣冒榮滋久被

遇最深外告成功行喜鶵音之革中脩潛德孰知麟
趾之風臣無任

謝賜曆日表二首

迎日推筴雖曰百王之常後天奉時惟我二后之德
伏讀詔旨灼知聖心中謝伏以嗣歲將興舊章畢舉
三朝受海内之圖籍七月陳王業之艱難冬有祁寒
知民言之可畏陽居大夏識天道之至仁故於頒朔
之初更下布新之詔恭惟　太皇太后陛下視民如
子以國為家振廩勸分人自忘於艱歲消兵去殺天
必報之豐年臣敢不省事清心貴農時之不奪思患

預備期歲計之有餘庶竭微誠少裨洪造臣無任

又

歲頒正朔蓋春秋統始之經郡賜璽書亦漢家寛大
之詔實為令典豈是空文臣某誠惶誠懼頓首頓首
伏以望歲者生民之至情畏天者人君之大戒所以
常言報應而不言時數每奏水旱而不奏嘉祥上有
消復之心下有爕調之道固資共理同底純熙恭惟
皇帝陛下祗敬三靈憂勤萬宇為仁一日自然
天下之歸教民七年豈無善人之效臣敢不仰遵堯
典寅奉夏時謹堤防溝洫之修行勞來安定之政庶

殫繇力少助至仁臣無任

揚州謝到任表二首

臣軾言伏蒙聖恩除臣知揚州臣已於今月二十六日到任訖者支郡養痾裁能免咎通都移牧自愧何功屢玷恩榮實深慙汗臣某中謝伏念臣早緣竊禄稍習治民在先帝日已歷三朝近八年間復忝四郡平生所願滿足無餘志大才踈信天命而自遂人微地重恃聖眷以少安恭惟太皇太后陛下子惠萬民器使多士以謂朝廷之德澤付於郡縣與監司乃眷江淮之間久罹水旱之苦鄰封二浙飢疫相薰

積欠十年豐凶皆病臣敢不上推仁聖之意下盡疲駑之心庶復流亡少寬憂軫臣無任

又

一麾出守方愧媮安十國為連復膺寵寄恩榮既溢慙汗靡寧臣某中謝伏念臣本以鯫生冒居禁從頃緣多病力求頹尾之行曾未半年復有廣陵之請蓋以魚鳥之質老於江湖之間習與性成樂居其舊天從民欲許擇所安恭惟 皇帝陛下欽明文思剛健純粹天功默運灼知萬化之情人材並收各取一長之用如臣衰朽尚未遐遺命至褰而祿已盈每懷

憂懼志雖大而才不副莫報恩私臣無任

謝賜卹刑詔書表二首

臣軾言伏蒙聖恩賜臣欽卹刑獄詔書一道者時令舉行雖云故事天心惻怛本出至誠德既洽於好生民雖死而無憾臣某誠惶誠懼頓首頓首伏以刻木畫地志士不居鑠石流金平人猶病宜軫聖神之念實為哀敬之先訓誥丁寧 吏民感動恭惟 皇帝陛下禹湯罪己堯舜性仁以不忍人之心行若稽古之政豈止緩獄實期無刑臣敢不推廣上恩厚風俗於無犯申嚴法意消盜賊於未萌少假歲時庶空囹

圖臣無任

又

暑雨其咨既軫小民之病麥秋已至復虞輕繫之淹
祇服訓詞灼知天意臣某中謝伏以仁聖之德哀矜
為先常內恕以及人故深居而念遠齋戒處掩則知
暴露之勤絺綌袢延不忘纍紲之苦吏既罔懈民知
無寃恭惟　太皇太后陛下事法祖宗德參天地
凱風養物散為扇暍之涼靈雨應時同沾執熱之濯
臣敢不盡其哀敬濟以寛明奉漢律之嚴毋令瘐死
推慈母之意務在平反庶竭愚忠少行德意臣無任

賀立皇后表二首

臣戴言伏覩制書今月十六日皇后受冊禮成者續文維華俔天之妹事關廟社喜溢人神 中賀 臣聞三代之興皆有內助二南之化實本人倫維關雎正始之風具既醉太平之福民有所恃邦其永昌恭惟皇帝陛下自誠而明惟睿作聖輯盛衷夏德既茂於治朝輔順陰陽政兼修於內職既膺大慶益廣至仁下逮海隅夫婦無於愁歎上符天造日月為之光明受祿無疆與民同樂臣無任

又

吉日既涓柔儀允正轂珪徃聘象服來朝中賀臣聞
周姜任姒之賢位非皆極漢陰馬鄧之貴德或有慙
盛哉六禮之陳襲此三宮之慶恭惟 太皇太后
陛下任付託之重躬保佑之勞公天下不私其親配
宸極必先以德徽音不墜嗣成慈孝之風仁壽無疆
坐享雲來之養臣限以官守不獲躬詣闕庭臣無任

賀坤成節表一首

臣軾言歲復六壬襲嘉祥於太史火流七月紀令節
於詩人盡海宇之含生舉欣榮於茲日臣某中賀臣
聞君以民為心體天用民為聰明未有心胖而體不

紓民悦而天不應故好生惡殺是為仁壽之基捐利
與民斯獲豐年之慶恭惟　太皇太后陛下恭儉
一德勤勞百為推天覆地載之心阜成民物盡父教
母憐之道誨養臣鄰共知難報之恩必享無疆之福
臣以出守淮海無由躬詣闕庭無任瞻天望聖激切
屏營之至謹奉表稱賀以聞

東坡後集卷第十二

[illegible]好生之德洽于人心[illegible]仁壽之域[illegible]
[illegible]豐年之慶[illegible]太皇太后陛下恭儉
一德萬邦[illegible]大號已載以示信于天下[illegible]
[illegible]之慶[illegible]以臣以其為無疆之福
臣以法守海濱無由詣闕稱賀無任瞻天望聖激切
屏營之至謹奉表稱賀以聞

東坡後集卷第十一

重刊明成化本東坡七集

東坡後集卷第十三

表狀劄子

謝除兵部尚書賜對衣金帶馬狀二首

謝兼侍讀表二首

進郊祀慶成詩表一首

任兵部尚書乞外郡劄子二首

辭兩職并乞郡劄子二首

謝除兩職守禮部尚書表二首

謝賜對衣金帶馬狀二首　紛記二首

謝賜曆日表一首　定州謝到任表一首

慰宣仁聖烈皇后山陵禮畢表一首

慰宣仁聖烈皇后祔廟禮畢表一首

謝賜衣襖表一首　到惠州謝表一首

到昌化軍謝表一首

提舉玉局觀謝表一首

慰皇太后上仙表一首

疏文

興龍節功德疏文五首

坤成節功德疏文七首

太皇太后本命功德疏文一首

景靈宫祈福道場功德疏文一首

表狀劄子

謝除兵部尚書賜對衣金帶馬狀

蒙

恩賜臣衣一對金帶一條幷魚袋金鍍銀鞍轡馬一匹者盛服在躬無復曳婁之歎名駒出厩遂忘奔走之勞施重丘山身輕毫末伏念臣少賤而鄙性椎少文衣敝緼袍未甞有耻乗款段馬自以為安豈意晚年屢膺此寵此蓋伏遇

皇帝陛下紹隆景命揔攬群英無競維人勢已加於九鼎惟德其物恩有重於千金臣敢不上體眷懐勉

思報稱贈繞朝之策愧不能謀振屈原之衣期於自潔臣無任

文

伏以在笥之珎本出於民力朏騋之賜以結於士心顧臣何人屢膺此寵伏念臣學本為已材不適時乘伯厚之車雖云疾惡東公西之帶愧不能言而二年之間三拜是賜此蓋伏遇 太皇太后陛下心存社稷德協天人以長策駕馭四方以盛德藩飾多士故令衰朽猶玷光華豈曰無衣蓋獨求於安吉慨然攬轡敢有志於澄清臣無任

謝兼侍讀表

伏奉制書除臣守兵部尚書兼侍讀者重地隆名不擇所付清資厚祿以養不才中謝伏念臣以草木之微當天地之澤七典名郡再入翰林兩除尚書三忝侍讀雖當世之豪傑猶未易居矧如臣之孤危其何能副恭惟

皇帝陛下聖神格物文武憲邦重離繼明何煩爝火之助大廈既構尚求一木之支而臣白首復來丹心已折望西清之帷幄久立徬徨聞長樂之鼓鐘怳如夢寐莫報丘山之施猶貪頃刻之榮臣無任

又

流汗恩榮再詞莫獲強顔衰朽一節以趨臣軾中謝

恭惟先帝復六卿之名本欲後人識三代之舊古今

殊制閑劇異宜武選隸於天官兵政摠於樞輔故司

馬之職獨省文書而師氏之官職在論説命臣兼領

聖意可知恭惟　太皇太后陛下約已裕民忘家

憂國知先王之兵必本於道德故以儒臣爲七兵知

人主之學必通於民情故目郡守爲五學而臣迂踈

不可強合早縁衰病難以久居終當自効於所長之

間或可報恩於未死之日臣無任

進郊祀慶成詩表

伏覩今月十四日郊祀禮成者親奠璧琮始見天地兼陳祖宗六廟之典參用漢唐三代之文夷夏來同人神允荅臣某中賀恭惟皇帝陛下聿追來孝對越在天外修神考之文章内服文母之慈儉四方觀禮百辟宅心雪止風恬驗神祇之來饗雲黄歲美知豐凶之在天臣以藝文入侍帷幄考事而知天意陳詩以達民言雖無足觀亦各其志臣無任瞻天望聖喚懼屏營之至所撰郊祀慶成詩一首謹繕寫陳表上進以聞

任兵部尚書乞外郡劄子

臣向在揚州蒙恩除臣今任臣於本州及緣路附遞

入文字辭免準　聖旨劄子指揮爲已差充鹵簿使

大禮日迫不許遷延臣以此不敢堅辭尋於南京附

遞奏乞候過南郊依前除臣一郡今來已過郊禮伏

乞檢會累次奏狀除臣知越州一次取進止

辭兩職并乞郡劄子

臣近奏乞越州伏蒙　聖恩降詔不允續准閤門告

報已除臣端明殿學士兼翰林侍讀學士守禮部尚

書聞命悸恐不知所措臣本以寵禄過分衰病有加

故求外補實欲自便而榮名驟進兩職荐加不獨於臣有非據之羞亦恐朝廷無以待有勞之士豈徒内愧必致人言伏望聖慈特賜追寢仍乞檢會前奏除臣一郡若越州無闕乞自朝廷除授取進止

第二劄子

臣近奏乞辭免端明殿學士兼翰林侍讀學士守禮部尚書恩命仍乞檢會前奏除臣一郡蒙降詔不允聖恩隆厚天旨丁寧顧臣何人敢守微意但本縁請外更蒙陞擢兼帶兩職近歲所無有何勞能被此光寵欲乞追寢新命令臣且依舊供職則臣更不敢請

郡若朝廷必欲臣受此職名即乞除臣一重難邊郡令臣盡力報稱猶可少安臣非敢自謂知兵若朝廷有開邊伐國之謀求深入敢戰之帥則非臣所能辦若欲保境安民宣布威信使吏士用命無所失云則承乏之際猶可備數伏望朝廷於此二者擇一以處臣非獨在臣分義當然亦朝廷名器不為虛授取進止

謝除兩職守禮部尚書表

伏蒙聖恩除臣端明殿學士兼翰林侍讀學士守禮部尚書者衰年自引久抱此心異數併加實為非

意辭不獲命愧何以堪臣軾中謝竊惟以殿命官本緣麟趾之舊因時修廢近正金華之名歷代所榮於今為甚自元豐之末官制以來若非身兼數器之人未有名冠兩職之重而況秩宗之任邦禮是司豈臣迂愚所當兼領此蓋伏遇　太皇太后陛下憂深社稷慮極安危求忠臣於愚直之中論治道於文字之外知臣難進而易退或非患失之鄙夫故授以禮樂清閑之司使專於論說琢磨之事此恩難報顧輸歲月之勤度已所宜終遂江湖之請臣無任

又

備員西學已愧空踈易職東班尤驚忝冒遂領宗卿之事併為儒者之榮臣軾中謝始臣之學也以適用為本而耻空言故其仕也以及民為心而慙尸禄乃者屢請治郡兼乞守邊欲及殘年少施實効而有志莫遂負愧何言今乃以文字為官常語言為職業下無所見其能否上無所考其幽明循省初心有靦面目故於拜恩之日少陳有益之言孔子曰一言可以興邦而孟子亦曰一正君而天下定昔漢文帝悦張釋之長者之言則以德化民輔成刑措之功而孝景帝入晁錯數術之語則以智馭物馴致七國之禍乃

知為國安危之本祇在聽言得失之間恭惟　皇帝
陛下即位以來學如不及問道八年寒暑不廢講讀
之官談王而不談霸言義而不言利八年之間指陳
文理何啻千萬雖所論不同然其要不出六事一曰
慈二曰儉三曰勤四曰慎五曰誠六曰明慈者謂好
生惡殺不喜兵刑儉者謂約己費省不傷民財勤者
謂躬親庶政不邇聲色慎者謂畏天法祖不輕人言
誠者謂推心待下不用智數明者謂專信君子不雜
小人此六者皆先王之陳迹老生之常談言無新奇
人所忽易譬之飲膳則為穀米羊豕雖非異味而有

益於人譬之藥石則爲耆朮參苓雖無近効而有益於命若陛下信受此言如御飲膳如服藥石則天人自應福禄難量而臣等所學先王之道亦不爲無補於世若陛下聽而不受受而不信信而不行如聞春禽之聲秋蟲之鳴過耳而已則臣等雖三尺之喙日誦五車之書反不如醫卜執技之流簿書犇走之吏其爲尸素死有餘誅伏願陛下一覽臣言少留聖意天下幸甚

謝賜對衣金帶馬狀

蒙恩賜衣一對金帶一條幷魚袋金鍍銀鞍轡馬一

匹服官奠篚響動佩章圉士劾牽光生驕榮伏以三
賜之重莫隆於車馬五采之貴兼施於衣裳汝必有
功服之無斁而臣衰年弱幹固難強於馳驅枯木朽
株本不願於文繡寵加意外愧溢顔間此蓋伏遇
皇帝陛下因能任官稱物平施操名器以勵士上有
誠心正銜勒以馭人下無遺力臣敢不思稱其服益
勵厥躬雖愧立朝之能言之近用猶希辨道輸老智
於莫年臣無任

又

蒙恩賜衣一對金帶一條并魚袋金鍍銀鞍轡馬一

匹服章在笥責及衰殘銜勒過庭喜先徒御伏以物
生有待天施無窮草木何知冒慶雲之渥采魚鰕至
陋借滄海之榮光雖若可觀終非其有妻孥相顧驚
憂致於匪頒道路竊窺或反增於指目此蓋伏遇
太皇太后陛下聰明齊聖陳錫載周含垢匿瑕而察
於求賢卑宮菲食而侈於養士士豈輕於千里念非
其人言有重於兼金當思所報
笏記
榮兼兩職寵與六卿豈伊衰朽之餘有此遭逢之異
此蓋伏遇　太皇太后陛下坤元利正天造無私

靡求備於一人將曲成於萬物文章小技縱有効於
涓埃草木微生終難酬於雨露臣無任

又

陛榮祕殿列職西清併此光華付之衰朽此蓋伏遇
皇帝陛下剛健純粹緝熙光明曲搜已棄之材將建
無窮之業顧慙淺陋將何補於盛明惟有朴忠誓不
回於生死臣無任

定州謝到任表

兵民重寄本禦侮以折衝疆埸久安但坐嘯而畫諾
才微祿厚恩重命輕臣軾中謝伏念臣一去闕庭三

換符竹坐席未暖召節已行筋力疲於往來日月逝於道路未經周歲復典兩曹朝廷非不用臣愚惷自不安位所宜竄逐更冒寵榮此蓋伏遇　皇帝陛下离明正中乾健獨運追述東朝之遺意收此散材眷言西學之舊臣付之善地致此衰朽尚未棄捐臣敢不勤卹民勞密修邊備苟無大過以及朞年漸還魚鳥之鄉以畢桑榆之景臣無任

慰正旦表

嗣歲將興雖有作新之慶舊穀既没共深追遠之思凡在照臨舉增懷慕臣軾中謝恭惟　皇帝陛下

道躋堯禹行比騫參方受圖於二朝明發不寐念御

簾於雙日孝思奈何幸寬罔極之哀少副有生之望

臣限以官守不獲躬詣闕庭無任瞻天望聖激切屏

營之至

謝賜暦日表

夙頒温詔寵拜新書吏得承宣民知蚤晚臣軾中謝

臣聞言天道者有數故閏以正時訓農事者在人則

王無罪歲豈獨典常之舊必存忠利之心恭惟　皇

帝陛下輔相財成聰明時憲居德刑於冬夏意與天

同暨聲教於朔南責在臣等敢不時使薄歛思患預

防勤卹鰥孤幸流亡之盡復兼明威惠庶戎夏以皆
安臣無任
　　慰宣仁聖烈皇后山陵禮畢表
恭聞今月七日大行宣仁聖烈太皇太后山陵禮畢
者日月有時義當即遠雨露既降思則無窮遥知穆
穆之光尚起皇皇之望臣軾中謝恭惟　　皇帝陛
下道循祖武德契天心大哉孔子之仁泫然流涕至
矣顯宗之孝夢若平生願寬舜慕之心少副堯封之
祝臣限以官守不獲躬詣闕庭無任瞻天望聖激切
屏營之至

慰宣仁聖烈皇后祔廟禮畢表

恭聞今月十七日宣仁聖烈皇后升祔禮畢者反寢而虞既盡飾終之典宅神于廟益隆追遠之思凡在照臨舉增悲慕臣軾中謝竊以六朝繼聖並傳家法之餘三后御簾高出古人之右逮此登配廓然永懷恭惟 皇帝陛下奉順母慈表章坤德四謚哀榮之詔簡策有光數詩挽餞之音道塗垂涕日月云遠典禮告成願寬無益之悲少副有生之望臣限以官守不獲躬詣闕庭無任瞻天望聖激切屏營之至

謝賜衣襖表

十一月九日翰林醫官王宗古至伏蒙　聖慈傳宣存問賜臣等勑及初冬衣襖者齊官三服已寬卒歲之憂漢札十行更佩先春之煖恩均吏士聲動華夷臣軾中謝伏以禮著始裘詩歌無褐邊陲更戍本為臣子之常朔易早寒特軫聖神之念惟德其物豈曰無衣恭惟　皇帝陛下廣運聰明力行恭儉威風旁振方戰栗於天驕温詔下融遂流澌於河凍既無功而坐食實有愧於解衣敢不推廣朝廷之仁益收凍餒申嚴祖宗之法少肅惰婾庶收汗馬之勞以解濡鶵之誚臣無任

到惠州謝表

先奉告命落兩職追一官以承議郎知英州軍州事
續奉告命責授臣寧遠軍節度副使惠州安置已於
今月二日到惠州公祭訖者仁聖曲全本欲畀之民
社群言交擊必將致之死亡尚荷寬恩止投荒服臣
軾中謝伏念臣性資褊淺學術荒唐但信不移之愚
遂成難赦之咎迹其狂妄久合誅夷方尚口乃窮之
時蓋擢髮莫數其罪豈謂天幸得存此生此蓋伏遇
皇帝陛下以大有為之資行不忍人之政湯網開其
三面舜干舞于兩階念臣奉事有年少加憐愍知臣

老死無日不足誅鋤明降德音許全餘息故使屢遺之馬猶獲蓋帷𣪊觫之牛得違刀几臣敢不服膺嚴訓託命至仁洗心自新沒齒無怨但以瘴癘之地魑魅爲鄰衰疾交攻無復首丘之望精誠未泯空餘結草之忠臣無任

到昌化軍謝表

今年四月十七日奉被告命責授臣瓊州别駕昌化軍安置臣尋於當月十九日起離惠州至七月二日已至昌化軍訖者並鬼門而東騖浮瘴海以南遷生無還期死有餘責臣軾中謝伏念臣頃緣際會偶竊

寵榮曾無毫髮之能而有丘山之罪宜三黜而未已
跨萬里以獨來恩重命輕咎深責淺此蓋伏遇
皇帝陛下堯文炳煥湯德寬仁赫日月之照臨廓天
地之覆育譬之蠕動稍賜矜憐俾就窮途以安餘命
而臣孤老無託瘴癘交攻子孫慟哭於江邊已為死
別魑魅逢迎於海上寧許生還念報德之何時悼此
心之永已俯伏流涕不知所云臣無任

提舉玉局觀謝表

臣先自昌化軍貶所奉
勅移廉州安置又自廉州奉
勅授臣舒州團練副使永州居住今行至英州又奉

勑授臣朝奉郎提舉成都府玉局觀在外州軍任便

居住者七年遠謫不自意全萬里生還適有天幸驟

從縲紲復齒搢紳臣軾中謝伏念臣才不逮人性多

忤物剛褊自用可謂小忠猖狂妄行乃蹈大難皆臣

自取不敢怨尤會真人之勃興與萬物而更始而臣

獨在幽遠寂爲冥頑追兹起廢之初倍費生成之力

終蒙記録不遂棄捐此蓋伏遇　皇帝陛下正位

龍飛對時虎變神武不殺豈非受命之符清淨無爲

坐獲消兵之福聰明不作邪正自分使臣得同草木

之微共霑雷雨之解臣敢不益堅素守深念往愆沒

齒何求不厭飯蔬之陋蓋棺未已猶懷結草之忠臣無任

慰皇太后上仙表

伏覩正月十四日大行皇太后遺誥者慟發六宮悲纏九土奉諱哀殞不知所云臣軾中謝大行皇太后德冠三朝化刑四海獨決大策措天下於太山之安退避東朝復明辟為萬世之法奄終壽禄莫曉天心恭惟

皇帝陛下仁孝自天哀傷過禮惟聖達節豈復行曾閔之難以民為心則當法舜禹之大願少寛於追慕庶下荅於臣民臣以外郡居住不獲奔赴

闕庭無任哀痛隕越之至

疏文

興龍節功德疏文五首

右伏以上帝垂休眞人誕降乾坤合契永爲慶喜之辰草木何知舉有欣榮之意矧惟遭遇獲侍清閑不緣梵釋之因曷致涓塵之効伏願皇帝陛下受天之禄如川方增奄有漢唐之封疆倍萬唐虞之壽考永均介福下及函生

右伏以三王之樂固常與天下同四海之心莫不欲吾君壽以茲願力扣彼佛乘仰惟無礙之慈副我必

從之欲伏願　皇帝陛下配天而治如日之中安
樂延年錫帝齡之無筭寅畏享福過周曆以常新下
及海隅同躋壽域

右伏以上帝立子將開太平之基下民歸仁自享延
鴻之壽不假龍天之會冐旌臣子之心伏願　皇
帝陛下受禄無疆如八方至五兵不用同萬國之車
書多士克生達四門之耳目永均介福普及函生

右伏以候嘉平之臘恊氣充流歌長發之祥群心踊
躍華夷交慶草木增榮矧惟扈從之私獲在封疆之
守敢緣願力低叩佛乘仰惟無礙之慈副我必從之

欲伏願　皇帝陛下配天而治如日之中安樂延
年錫帝齡之無筭寅畏享福過周曆以常新下及海
隅同躋壽域

右伏以瑞乙來翔共紀生商之兆羣龍下集適同浴
佛之辰爰崇勝因以薦多祉伏願　皇帝陛下立
民之極先天不違福如南山之不騫壽等西方之無
量集盌海宇永庇神天

坤成節功德疏文七首

右伏以功存社稷慶鍾高密之門澤及本枝天作大
任之德候西風之協應占南極之嘉祥特啓真壇仰

祈睿筭順帝之則固不待於禱求應地無疆亦難忘於祝頌臣無任懇禱激切之至

右伏以慈儉之化無得而名保佑之功云何可報仰首雲天之望傾心草木之徵至哉坤元德既超於載籍養以天下福宜冠於古今敢冀神休永為民極臣無任

右伏以寶儉與慈地無私載履信思順天且不違眷惟江海之邦日蒙雨露之施民心所祝神聽必臨祈萬壽於無疆庶群生之永賴臣無任

右伏以上帝儲休遺寶龜而降聖群方仰德執瑞玉

以來賓恪修臣子之誠虔奉天人之禱供精蒲塞文
演貝多致海衆之莊嚴廣潮音之清淨勝因所集睿
筭日隆恭惟　太皇太后陛下伏願大安大榮永
對無窮之問時萬時億獨觀有道之長臣無任
右伏以玉勝發祥金行正候合天人之寳運實華夏
之昌辰已格鴻休猶資善禱展祇園之淨供發秘藏
之眞乘庶假良因益崇睿筭恭惟　太皇太后陛
下伏願威神有截盡龍象以瞻依壽考無疆等乾坤
之久大臣無任
右伏以神聖在御天地無可報之恩臣子何知佛老

有歸誠之法敢緣淨供仰祝遐齡　太皇太后陛
下伏願日照月臨海涵岳峙帝簡好生之德錫壽無
疆民銜既富之仁保邦何極臣無任
右伏以星火西流方歲功之平秩夕月既望昭陰德
之致隆凡我有生歸誠茲日佛身充滿天監聰明
太皇太后陛下伏願享德三靈齊光兩曜坐俟雲來
之養受祿無疆屢覲甲子之周與民同樂臣無任
　太皇太后本命歲功德䟽文
右伏以天人合契輔成繼照之明歲月襲祥允協重
坤之象肇臨正旦寅奉德音盡海宇之無疆集緇黃

而來會旁推舜孝仰叩佛乘伏願　太皇太后陛
下下順民心仰膺天保配西方之無量與南山而不
傾豈獨五音六律之旋再臨此歲將推三統九會之
復以卜其年永與函生共茲人福謹䟽

景靈宫祈福道場功德䟽文

右伏以仁心浹物自然憂樂之同孝治格天宜爾感
通之速庶殫精懇仰叩上真恭以　太皇太后陛
下保佑聖神勤勞夙夜偶倦東朝之御未復太官之
常爰即殊庭大陳妙供法音上達雖有假於雲章民
志下同自不勞於祕祝願膺勿藥之喜永保無疆之

東坡後集卷第十三

休

東坡後集卷第十四

啓

答杭州交代啓一首　答館職啓一首

潁州到任謝執政啓一首

與京西運使劉昱啓一首

揚州到任謝執政啓一首

荅晁發運及謝諸郡啓一首

賀彭發運啓一首　荅杜侍郎啓一首

定州到任謝執政啓一首

謝本路監司啓一首　謝諸郡啓一首

賀鄰帥及監司冬至啓一首

賀鄰帥及監司正旦啓一首

荅丁連州啓一首　荅陳提刑啓一首

荅彭賀州啓一首　荅王承議啓一首

荅王幼安宣德啓一首

書

杭州上執政書二首

揚州上吕相書一首

荅虔倅俞括奉議書一首

荅王庠書一首

荅潮州吴秀才書一首

荅謝民師書

荅劉沔都曹書一首

啓

荅杭州交代啓一首

伏審知府鈐轄待制新易節旄光臨督府舊政已孚於千里先聲坐振於七州軾偶以庸虚適相前後愧無毫髮之善可紀斯民惟有凋瘵之餘以遺君子即諧瞻奉尤切詠思

荅館職啓一首

伏審奉詔明庭陞華冊府國有得賢之慶士知稽古之榮虎觀石渠極諸儒之妙選鼇宮金闕笑方士之遠求自喜衰年獲覩盛事某官學本自得道惟造深温故為君子之儒多聞推益者之友奇字可學知子雲之苦心亡書復存賴安世之默識不試而用知賢則深軾方此賜環遽承枉駕沐誨音之已厚愧馳謁之未遑

潁州到任謝執政啓一首

入叅兩禁每玷北扉之榮出典二邦輙為西湖之長皆緣天幸豈復人謀惟汝水之名邦乃裕陵之故國

人湻事簡地壤泉甘豈惟暫養於不才抑亦此生之
可老恭惟某官嘉猷經世茂德範時元老廟堂自有
權衡之信餘生江海得同品物之安感佩之私筆舌
難既

與京西運使劉昱啓一首

衰病倦游久懷歸意聖神寛假特乞守符條教闊踈
溪湖清遠但坐糜於廪禄頗難繼於賢豪所幸仁明
曲垂鎮撫特先蒙於顧眄使增重於吏民伏惟運使
郎中才簡上心名高省户暫屈外臺之寄一蘇右輔
之民日望車塵按臨封部少奉誨言之末足為衰朽

之光感佩之私筆舌難既

揚州到任謝執政啓一首

擇地而安本非臣子之達節有求必獲足見廟堂之兼容釋汝潁之清閑當江淮之衝要舊游所樂習俗相諳已見吏民具述朝廷之意不為條教自然獄市之清此蓋伏遇某官師保斯民蓍龜當代折衝禦侮已獲萬人之英補隙輔蹤更收一木之用軾敢不益求民瘼勉盡鄙才但未歸田之須臾猶思報國之萬一

荅晁發運及諸郡啓一首

衰病交攻已安僻壤寵光荐及復付名邦雖見吏民

敢違條教尚緣大庇使獲少安此蓋伏遇某官忠厚有容高明畢照樂善忘勢稍霽外臺之威講舊論心曲敦同牓之好（餘人某官忠厚有容通明畢照朝高雅望流風采之聳聞士誦德言借光華於枯朽）致茲踈拙粗免曠瘝愧展奉之未皇但緘藏之無斁

賀彭發運啓一首

伏審拜詔十行觀風六路允符公論克振先聲恭承曩契之隆得與屬城之末瞻依有素感慰居多伏惟發運吏部年兄士聳英風時推舊德用久淹而未盡才歷試而愈高舩滿潭中行奏韋堅之課錢流地上

佇觀劉晏之能喜朴之深力占難盡

荅杜侍郎啓一首

伏審荐膺天寵榮貳卿曹士友喜於彙征朝廷爲之增重伏惟兵部侍郎温文亮達宏遠清通直道不回貫今昔而無愧處躬自厚蹈世俗之所難事愈練而益明用雖晚而必濟自聞休命實起懦衷遽承問訊之先益佩謙光之過

定州到任謝執政啓一首

燕南趙北昔稱謀帥之難尺短寸長今以乏人而授幸此四夷之守忘其一障之乘坐食何功捫心知愧

伏念軾愚忠自信朴學無華孔融意廣才疎訖無成
効嵇康性不傷物頻致怨憎叨逢聖世之休明未分
昔人之憂患故求散地以養衰年終成命之莫回悼
此心之未亮伏惟某官躬行周孔力致唐虞燮和天
人方遂萬物之性虛受海宇固容一介之微眷此餘
生實無他望老如安國既倦北平之遷惷比方回終
有會稽之請歸依之至筆舌難周

謝本路監司啓一首

多病早衰屢有江湖之請誤恩過聽遂分疆場之憂
才無取於折衝愧已深於卧護敢緣厚德尚許兼容

伏惟某官名重搢紳望隆中外承宣帝澤民忘流殍之災肅振臺風吏若親臨之畏顧惟朽鈍得奉教條但交欣悚之懷莫罄瞻依之頌

謝諸郡啓一首

燕南趙北昔爲百戰之場地利人和今乃四夷之守覩累朝之命帥皆一代之名臣豈謂寵榮曲加疲陋顧吏民之易治幸衰拙之少安此蓋伏遇某官碩德庇民宏才緯世餘膏所燭常分無盡之光蒙霧而行坐獲不知之潤眷言朽鈍未遂顛擠勉加策勵之勤少荅吹揚之賜

賀鄰帥及監司冬至啓一首

月臨天統首冠於三正氣兆黃官復來於七日候徵陽之協應知君子之彙征伏惟某官碩德庇民傑才經世踐揚中外之寄益推望實之隆既醉大平實具周詩之福大有上吉允符義易之占軾限以守邊未皇稱慶徒云善頌莫罄鄙懷

賀隣帥及監司正旦啓一首

新曆既頒葢履端歸餘之歲羣情交泰正賛陽出滯之辰恭惟某官厚德鎮浮高名華國非獨疇咨之用已簡上心更膺胄難老之祥以符民望官守所限展慶

無由欣頌之深敷陳罔既

荅丁連州啓一首

七年遠謫不知骨肉之存亡萬里生還自笑音容之改易久恬颶霧稍習蛙蛇自疑本儋崖之人難復見魯衛之士而况清時雅望令德高標固已聞名而自懸蓋欲通書而未敢豈謂知郡朝奉仁無擇物義有違時每憐遷客之無歸獨振孤風而愈厲固無心於集苑而有力於嘘枯遠移一紙之書何啻百朋之錫過情之譽雖知無其實而愧于中起廢之文猶欲借此言以華其老窮途易感永好難忘

答陳提刑啓一首

久竄島夷偶未書於鬼録逃歸空谷固喜聞於足音況清廟瑚璉之姿為明堂杞梓之用欲聞名而未敢豈流問之或先恭惟提刑刑部才高一時望重多士魯諸儒之德業緣飾政刑漢循吏之風流本源經術暫屈雲霄之步一蘇嶺嶠之民憐遷客之無歸墜尺書而起廢助其羽翼借以齒牙但憂枯朽之餘難副吹噓之力既感且怍不知所云

答彭賀州啓一首

竄流海國脫身羈鬼之林洒掃真祠拜賜散人之號

喜歸田之有漸悼報國之無期方自愧於心顔敢聞名於左右豈謂某官曲敦雅好深軫窮途賜以尺書借之餘論温詞曲盡賢於十部之見臨陋質增華果已五漿之先餽但懸衰朽虚辱品題敬佩至言永以爲好

答王承議啓一首

泮水受成繆膺桑梓之敬海邦晝諾又觀枳棘之栖多難百罹流年半世怳如昨夢復見故人伏惟知郡承議居以才稱進由德選淵源師友舊仰鄭公之高歌詠風流近傳邵父之繼不忘疇昔曲賜拊存豈獨

憐衰朽而借寵光蓋將敦風義以勵世俗感佩之至筆舌難周

荅王幼安宣德啓一首

俯仰十年忽焉如昨間關百罹何所不有頃者海外澹乎蓋將終焉偶然生還置之勿復道也方將求田問舍為三百指之養杜門面壁觀六十年之非豈獨江湖之相忘蓋已寂寥而喪我不謂某官講修舊好收録陳人粲然雲漢之章被此枯朽之質欲其洗濯宿負激昻晚節粗行平生之志少慰朋友之望此意厚矣我心悠哉如焦穀芽如伏櫪馬非吹噓之所及

縱鞭策以何加藏之不忘永以為好

書

杭州上執政書二首

十二月二十七日龍圖閣學士朝奉郎知杭州軍州事充兩浙西路兵馬鈐轄蘇軾謹頓首百拜上書門下僕射相公閣下去年浙中冬雷發洪太湖水溢春又積雨蘇湖常秀皆水民就高田秧稻以待水退及五六月稍稍分種十不及四五而又繼之以旱以故早晚皆傷高下並損自元豐以來民之艱食未有如今歲者也軾已三奏其事至今未報蓋人微言輕理

自當爾然亦恐監司諸郡不盡以實奏而廟堂所訪問往來之人或揣所樂聞不盡以實告故朝廷以軾言爲過耳不然豈有仁聖在上群賢並用而肯恬不爲意乎入冬以來緣諸郡閉糴而税務用例違條收五穀力勝錢放米價斗至八九十衢睦等州至百餘錢皆月錢炎炎可畏軾用印板出榜千餘道止絶此兩事自半月來米穀通流價亦稍平然浙中無麥青黃之交當在來秋而熟不熟又未可知民懲熙寧流殍之禍上户有米者皆靳借不肯出其勢非大出官米不能救此患自正月至七月本州裏外九縣日糶官

米千五百石乃可以平價救飢計當用米三十一萬五千石今本州常平除充軍粮外止有十七萬石漕司許於鄰郡運致三萬石尚少十一萬五千石計窮理迫須至控告軾近以本州廨宇弊壞奏乞度牒二百道修完未蒙開允意欲以此度牒募人於諸縣納米度可得二萬五千石然後減價出賣每斗六十度可得錢萬五千貫且以此錢修完廨宇雖不及元計料錢數先且修完緊要處亦粗可足用則是此度牒一出而兩利也伏望相公深念本州廨宇弊壞已甚不可不修及今完葺所費尚少後日大壞其費必倍又因以募人納米出糶

救飢設使不因修完廨宇朝廷以飢民之故特出聖
恩乞與二百道度牒猶不為過而況救飢修屋兩用
而並濟乎軾愚惷少慮仰恃廟堂諸公仁賢卹民必
不忍拒此請意此度牒可以必得以此不俟回降指
揮輒已一面告喻商旅令儲峙米斛具水陸脚乘以
須度牒之至深望果斷不疑於一兩日內降付急遞
日與吏民延頸企踵雖大旱望雲執熱思濯未喻其
急也若不蒙哀察則是使軾失信商旅坐視流殍其
為慚惶狼狽未易遽言至時朝廷雖加誅殛何補於
事兼軾近者奏為本路轉運司今年合起年額米斛

百六十萬乞特許且起一半或三分之二其餘候豐
熟日隨年額起發未蒙恩許今年漕司窘迫實倍常
歲異時預買紬絹錢常於歲前散絕今尚闕太半刻
剔之急蓋不遺餘力矣若非朝廷少加矜察則督迫
之極害必及民近蒙朝廷許輟上供二十萬石出糶
此大惠也然望更輟留三十萬石若無米可糶秖乞
以此錢收買銀絹上供雖無補於飢民而散幣在民
少解錢荒之患亦良策也此外秖有勸誘富民出穀
助官賑貸及用常平錢米募民工役二事然皆難行
勸誘之利未及貧民而誅求之厩先及上户浙中富

民欠官錢者十人而九決無可勸誘之理至於募民工役亦非實惠若散募飢貧不堪工役鳥獸聚散得錢便走熙寧中嘗行此事名為召募其實不免於等第上差科官支錢米盡入役夫而本户又須貼錢雇人凶年人户重有此擾皆虛名無實利少害多惟有多糴官米一事簡而易行米價既低民無貧富均享其利惟望相公留意則一路幸甚軾拙於言語不能盡寫憂危之狀以曉左右惟有發書之日西向再拜扣頭默禱庶幾區區丹誠可以感動萬一也不宣

月日龍圖閣學士左朝奉郎知杭州軍州事充兩浙

西路兵馬鈐轄蘇軾謹頓首再拜上書門下僕射相公閤下軾近上章論浙西淫雨颶風之災伏蒙恩旨使與監司諸人議所以為來歲之備者謹已條上二事軾才術淺短禦災無策但知叫號朝廷乞寬減額米截賜上供言狂計拙死罪死罪然三吴風俗自古浮薄而錢塘為甚雖室宇華好被服粲然而家無宿舂之儲者蓋十室而九自經熙寧饑疫之災與新法聚斂之害平時富民殘破略盡家家有市易之欠人人有鹽酒之債田宅在官房廊傾倒商賈不行市井蕭然譬如衰羸久病之人平時僅自支持更遭風寒

暑濕之變便自委頓仁人君子當意外將護未可以
壯夫常理期也今年錢塘賣常平米十八萬石得米
者皆叩頭誦佛云官家將十八萬石米於烏鳶狐狸
口中奪出數十萬人此恩不可忘也夫以區區戰國
公子尚知焚券市義今以十八萬石米易錢九萬九
千緡而能活數十萬人此豈下策也哉竊惟仁聖在
上輔以賢哲一聞此言理無不可但恐世俗諂薄成
風揣所樂聞與所忌諱不以仁人君子期左右爭言
無災或言有災而不甚積衆口之驗以惑聰明此軾
之所私憂過慮也八月之末秀州數千人訴風災吏

以為法有訴水旱而無訴風災拒閉不納老幼相騰踐死者十一人方按其事由此言之吏不喜言災者蓋十人而九不可不察也軾既條上二事且以關白漕憲兩司官吏皆來見軾曰此固當今之至計也然恐朝廷疑公為漕司地柰何軾曰吾為數十萬人性命言也豈卹此小小悔吝哉去年秋冬諸郡閉糴商賈不行軾既劾奏通之又舉行災傷法約束本路不得收五㪷力勝錢三郡米大至施及浙東而漕司官吏緣此慍怒幾不見容文符往來僚吏恐悚以軾之私意其不為漕司地也審矣力勝之免去歲已有成

法然今歲未敢舉行者實恐再忤漕司怨咎愈深此
則軾之疲懦畏人不免小有回屈之罪也伏望相公
一言檢舉成法自朝廷行下使五穀通流公私皆濟
上以明君相之恩下以安孤危之迹不勝幸甚去歲
朝旨免力勝錢止於四月浙中無麥須七月初間見
新穀故自五月以來米價復增軾亦曾奏乞展限至
六月終不報今者若蒙施行則乞以六月為限去歲
恩旨寬減上供額米三分之一而户部必欲得見錢
浙中遂有錢荒之憂軾奏乞以錢和買銀絹上供三
請而後可今者若蒙施行即乞一時行下軾竊度事

勢若不且用愚計來歲恐有流殍盜賊之憂或以其狂淺過計事難施行即乞別除一小郡仍選才術有餘可以坐消災沴者使任一路之責幸甚幸甚干冒台重伏紙慄戰不宣

揚州上呂相書一首

軾再拜伏蒙手書見謂勇於為義不當在外獎飾過分悚息之至軾竊謂士在用不用不在內外也自揣所宜在外不惟身安耳靜至於束吏養民亦粗似所便又不自量每有所建請蒙相公主張施行使軾常在外為朝廷採摭四方利病而相公擇其可行者行

之豈非學道者平生之至願也哉頃者所論積欠蒙
示俞已有定議此殆一洗天下瘡痏也近復建言綱
運折欠利害乞申明編敕嚴賜約束行下而罷眞楊
楚泗轉般倉斗子倉法必已關覽此事若行不過歲
失淮南商稅萬緡而數年之後所得必却過之但綱
梢飽暖餽運辦集必無三十萬石之欠而能使六路
運卒保完背類使臣人負千百人保完身計此豈小
事乎其餘綱運弊害小小枝葉亦不住講求續止其
事又軾自入淮南界聞二三年來諸郡稅務刻急日
甚行路咨怨商賈幾於不行有稅物者既無脫遺其

無稅物及雖有不多者皆不與點檢但多喝稅錢商旅不肯認納則苛留十日半月人船既衆貲用坐竭則所喝惟命州郡轉運司皆力主此輩無所告訴竊聞東南物貨全不通行京師坐致枯涸若不及相公在位救解此患恐遂滋長至於不可救矣祇如揚州稅額已增不虧而數小吏為虐不已原其情蓋為有條許酒稅監官分請增剩賞錢此元豐中一小人建議羞汚士風莫此為甚如酒務行此法雖士人所恥猶無大害若稅務行之則既增之外刻剥不已行路被其虐矣軾旦夕欲上此奏乞罷之亦望相公留念

軾已買田陽羨歸計已成紛紛多言深可憫笑但貪及相公在位求治繩墨之外故時效區區庶小有益於世耳不宣

答虔倅俞括奉議書一首

軾頓首資深使君閣下前日辱訪寵示長牋及詩文一編伏讀數日廢卷抃掌有起予之歎孔子曰辭達而已矣物固有是理患不知知之患不能達之於口與手所謂文者能達是而已文人之盛莫如近世然私所敬慕者獨陸宣公一人家有公奏議善本頃侍講讀嘗繕寫進御區區之忠自謂庶幾於孟軻之敬

王且欲推此學於天下使家藏此方人挾此藥以待
世之病者豈非仁人君子之至情也哉今觀所示議
論自東漢以下十篇皆欲酌古以馭今有意於濟世
之用而不志於耳目之觀美此正平生所望於朋友
與凡學道之君子也然去歲在都下見一醫工頗藝
而窮慨然謂僕曰人所以服藥端爲病耳若欲以適
口則莫如芻豢何以藥爲今孫氏劉氏皆以藥顯孫
氏期於治病不擇甘苦而劉氏專務適口病者宜安
所去取而劉氏富倍孫氏此何理也使君斯文未必
售於世然售不售豈吾儕所當掛口哉聊以發一笑

耳進宣公奏議有一表輙録呈不須示人也餘俟面
謝不宣

荅王庠書一首

軾啓遠蒙差人致書問安否輔以藥物眷意甚厚自
二月二十五日至七月十三日凡一百三十餘日乃
至水陸蓋萬餘里矣罪戾遠黜既爲親友憂又使此
兩人者跋涉萬里比其還家幾盡此歲此君愛我之
過而重其罪也但喜比來侍奉多暇起居佳勝軾罪
大責薄居此固宜無足言者瘴癘之邦僵仆者相屬
於前然亦有以取之非寒暖失宜則飢飽過度苟不

犯此者亦未遽病也若大期至固不可逃又非南北
之故矣以此居之泰然不煩深念前後所示著述文
字皆有古作者風力大略能道意所欲言者孔子曰
辭達而已矣辭至於達止矣不可以有加矣經說一
篇誠哉是言也西漢以來以文設科而文始衰自賈
誼司馬遷其文已不逮先秦古書況其下者文章猶
爾況所謂道德者乎若所論周勃則恐不然平勃未
嘗一日忘漢陸賈為之謀至矣彼視祿產猶几上肉
但將相和調則大計自定若如君言先事經營則呂
后覺悟誅兩人而漢亡矣某少時好議論古人既老

涉世更變往往悔其言之過故樂以此告君也儒者之病多空文而少實用賈誼陸贄之學殆不傳於世老病且死獨欲教子弟豈意姻親中乃有王郎乎三復來貺喜抃不已應舉者志於得而已今程試文字千人一律考官亦厭之未必得也如君自信不回必不為時所棄也又況得失有命決不可移乎勉守所學以卒遠業相見無期萬萬自重而已人還謹奉手啓少謝萬一

答潮州吴秀才書一首

軾啓遠辱專人惠教具審比來起居佳勝感慰之至

與子野先生游幾二十年矣始以李六丈待制師中之言知其為人李公人豪也於世少所屈伏獨與子野書云白雲在天引領何及而子野一見僕便諭出世間法以長生不死為餘事而以練氣服藥為土苴也僕雖未能行然喜誦其言嘗作問養生一篇為子野出也近者南遷過眞揚間見子野無一語及得喪休戚事獨謂僕曰邯鄲之夢猶足以破妄而歸眞子今目見而身履之亦可以少悟矣夫南方雖號為瘴癘地然死生有命初不由南北也且許過我而歸自到此日夜望之忽得來教乃知子野尚在北不遠

當來赴約也幸甚幸甚長書稱道過實讀之赧然所
論孟揚申韓諸子皆有理詞氣脩然又以喜子野之
有佳子弟也然昆仲以子野之故雖未識面懸相喜
者則附遞一書足矣何至使人蠒足遠來又致酒麪
海物荔子等僕豈以口腹之故千里勞人哉感愧厚
意無以云諭過廣州買得檀香數斤定居之後杜門
燒香閉目清坐深念五十九年之非耳今分一半非
以為往復之禮但欲昆仲知僕汎掃身心澡瀹神氣
兀然灰槁之大略也有書與子野更督其南歸相過
少留為印可其已得而訶策其所未至也此外萬萬

自愛

答謝民師書一首

軾啓近奉違亟辱問訊具審起居佳勝感慰深矣軾受性剛簡學迂材下坐廢累年不敢復齒搢紳自還海北見平生親舊惘然如隔世人况與左右無一日之雅而敢求交乎數賜見臨傾蓋如故幸甚過望不可言也所示書教及詩賦雜文觀之熟矣大略如行雲流水初無定質但常行於所當行常止於不可不止文理自然姿態横生孔子曰言之不文行之不遠又曰詞達而已矣夫言止於達意則疑若不文是大

不然求物之妙如係風捕景能使是物了然於心者
蓋千萬人而不一遇也而況能使了然於口與手乎
是之謂詞達詞至於能達則文不可勝用矣揚雄好
為艱深之詞以文淺易之說若正言之則人人知之
矣此正所謂琱蟲篆刻者其太玄法言皆是物也而
獨悔於賦何哉終身琱蟲而獨變其音節便謂之經
可乎屈原作離騷經蓋風雅之再變者雖與日月爭
光可也可以其似賦而謂之琱蟲乎賈誼見孔子升
堂有餘矣而乃以賦鄙之至與司馬相如同科雄之
陋如此比者甚衆可與知者道難與俗人言也因論

文偶及之耳歐陽文忠公言文章如精金美玉市有定價非人所能以口舌貴賤也紛紛多言豈能有益於左右愧悚不已所須惠力法雨堂字軾本不善作大字強作終不佳又舟中局迫難寫未能如教然軾方過臨江當往遊焉或僧欲有所記録當作數句留院中慰左右念親之意今已至峽山寺少留即去愈遠惟萬萬以時自愛不宣

答劉沔都曹書一首

軾頓首都曹劉君足下蒙示書教及編録拙詩文二十卷軾平生以言語文字見知於世亦以此取疾於

人得失相補不如不作之安也以此常欲焚棄筆硯為瘖默人而習氣宿業未能盡去亦謂隨手雲散鳥没矣不知足下默隨其後掇拾編綴略無遺者覽之慙汗可為多言之戒然世之蓄軾詩文者多矣率真偽相半又多為俗子所改竄讀之使人不平然亦不足怪識真者少蓋從古所病梁蕭統集文選世以為工以軾觀之拙於文而陋於識者莫統若也宋玉賦高唐神女其初略陳所夢之因如子虛亡是公相與問荅皆賦矣而統謂之敘此與兒童之見何異李陵蘇武贈別長安而詩有江漢之語及陵與武書詞句

儇淺正齊梁間小兒所擬作決非西漢文而統不悟劉子玄獨知之范曄作蔡琰傳載其二詩亦非是董卓已死琰乃流落方卓之亂伯喈尚無恙也而其詩乃云以卓亂故流入於胡此豈真琰語哉其筆勢乃效建安七子者非東漢詩也李太白韓退之白樂天詩文皆為庸俗所亂可為太息今足下所示二十卷無一篇偽者又少謬誤及所示書詞清婉雅奥有作者風氣知足下置力於斯文久矣軾窮困本坐文字蓋願刳形去皮而不可得者然幼子過文益奇在海外孤寂無聊過時出一篇見娛則為數日喜寢食有

味以此知文章如金玉珠貝未易鄙棄也見足下詞
學如此又喜吾同年兄龍圖公之有後也故勉作報
書忽忽不宣

東坡後集卷第十四

東坡[illegible]集卷十四

未必以文章如金玉珠貝未易鄙棄也見且可語

[illegible]以人善語罔中[illegible]謂分[illegible]言發[illegible]發[illegible]

書發發不盡

東坡後集卷第十五

記

衆妙堂記一首　瓊州惠通井記一首

南安軍學記一首

順濟王廟新獲石砮記一首

碑

上清儲祥宮碑一首

昭靈侯廟碑一首

潮州韓文公廟碑一首

峻靈王廟碑一首　伏波將軍廟碑一首

記

衆妙堂記一首

眉山道士張易簡教小學常百人予幼時亦與焉居天慶觀北極院予蓋從之三年謫居海南一日夢至其處見張道士如平昔汛治庭宇若有所待者曰老先生且至其徒有誦老子者曰玄之又玄衆妙之門予曰妙一而已容有衆乎道士笑曰一已陋矣何妙之有若審妙也雖衆可也因指灑水薙草者曰是各一妙也予覆視之則二人者手若風雨而步中規矩蓋煥然霧除霍然雲消予驚歎曰妙蓋至此乎庖丁

之理解郢人之鼻斲信矣二人者釋用而上曰子未
覩眞妙庖郢非其人也是技與道相半習與空相會
非無挾而徑造者也子亦見夫蜩與雞乎夫蜩登木
而號不知止也夫雞俯首而啄不知仰也其固也如
此然至蛻與伏也則無視無聽無飢無渴默化於荒
忽之中倏伺於毫髮之間雖聖知不及也是豈技與
習之助乎二人者出道士曰少安須老先生至而問
焉二人者顧曰老先生未必知也子徃見蜩與雞而
問之可以養生可以長年廣州道士崇道大師何德
順作堂榜曰衆妙以書來海南求文以記之予不暇

作也獨書夢中語以示之戊寅三月十五日

瓊州惠通井記一首

禹貢濟水入于河溢為滎河南曰滎陽河北曰滎澤沱潛本梁州二水亦見于荆州水行地中出沒數千里外雖河海不能絕也唐相李文饒好飲惠山泉置驛以取水有僧言長安昊天觀井水與惠山泉通雜以他水十餘缶試之僧獨指其二缶曰此惠山泉也文饒為罷水驛瓊州之東五十里曰三山庵庵下有泉味類惠山東坡居士過瓊庵僧惟德以水餉焉而求為之名名之曰惠通元符三年六月十七日記

南安軍學記一首

古之為國者四井田也肉刑也封建也學校也今亡矣獨學校僅存耳古之為學者四其大者則取士論政而其小者則絃誦也今亡矣直誦而已舜之言曰庶頑讒說若不在時侯以明之撻以記之書用識哉欲並生哉工以納言時而颺之格則承之庸之否則威之格之言改也論語曰有耻且格承之言薦也春秋傳曰奉承齊犧庶頑讒說不率是教者舜皆有以待之夫化惡莫若進善故擇其可進者以射侯之禮舉之其不率教甚者則撻之小則書其罪以記之非

疾之也欲與之並生而同憂樂也比士之有罪而未
可終棄者故使樂工採其誦謠諷議之言而颺之以
觀其心其改過者則薦之且用之其不悛者則威之
屛之僰之寄之類是也此舜之學政也射之中否何
與於善惡而曰侯以明之何也曰射所以致衆而論
士也衆一而後論定孔子射於矍相之圃蓋觀者如
堵使弟子揚觶而敘黜者三則僅有存者由此觀之
以射致衆衆集而後論士蓋所從來遠矣詩曰在泮
獻馘又曰在泮獻馘禮曰受成於學鄭人游于鄉校
以議執政或謂子產毁鄉校何如子產曰不可善者

吾行之不善者吾改之是吾師也孔子聞之謂子產仁古之取士論政者必於學有學而不取士不論政猶無學也學莫盛於東漢士數萬人噓枯吹生自三公九卿皆折節下之三府辟召常出其口其取士議政可謂近古然卒為黨錮之禍何也曰此王政也王者不作而士自以私意行之於下其禍敗固宜朝廷自慶曆熙寧紹聖以來三致意於學矣雖荒服郡縣必有學況南安江西之南境儒術之富與閩蜀等而太守朝奉郎曹侯登以治郡縣所至必建學故南安之學甲於江西侯仁人也而勇於義其建是學也以

身任其責不擇劇易期於必成士以此感奮不勸而力費於官者為錢九萬三千而助者不貲為屋百三十間禮殿講堂視大邦君之居凡學之用莫不嚴具又以其餘增置廪給食數百人始於紹聖二年之冬而成於四年之春學成而侯去今為潮州軾自海南遂過南安見聞其事為詳士既德侯不已乃具列本末贏粮而從軾者三百餘里願紀其實夫學王者事也故首以舜之學政告之然舜遠矣不可以庶幾有賢太守猶可以為鄭子產也學者勉之無愧於古人而已

順濟王廟新獲石砮記一首

建中靖國元年四月甲午軾自儋耳北歸艤舟吴城山順濟龍王祠下既進謁而還逍遥江上得古箭鏃槊鋒而斂脊其廉可劌而其質則石也曰異哉此孔子所謂楛矢石砮肅愼氏之物也何爲而至此哉傳觀左右失手墜于江中乃禱于神願復得之當藏之廟中爲往來者駭心動目詭異之觀既禱則使没人求之一探而獲謹按禹貢荆州貢礪砥砮丹及箘簬楛梁州貢璆鐵銀鏤砮磬則楛矢石砮自禹以來貢之矣然至春秋時隼集于陳廷楛矢貫之石砮長尺

有咫時人莫能知而問於孔子孔子不近取之荆梁
而遠取之肅慎則荆梁之不貢此久矣顔師古曰楛
木堪爲笴今豳以北皆用之以此考之用楛爲矢至
唐猶然而用石爲砮則自春秋以來莫識矣可不謂
異物乎兊之戈和之弓垂之竹矢陳于路寢孔子履
藏于武庫皆以古見寶此矢獨非寶乎順濟王之威
靈南放于洞庭北被于淮泗乃特爲出此寶軾不敢
私有而留之廟中與好古慱雅君子共之以昭示王
之神聖英烈不可不敬者如此

碑

上清儲祥宫碑一首

元祐六年六月丙午制詔臣軾上清儲祥宫成當書
其書之右臣軾拜手稽首言曰臣以書命待罪北門
記事之成職也然臣愚不知宫之所以廢興與凡材
用之所從出敢昧死請乃命有司具其事以詔臣軾
始　太宗皇帝以聖文神武佐　太祖定天下既即
位盡以　太祖所賜金帛作上清宫朝陽門之内旌
興王之功且為五代兵革之餘遺民赤子請命上帝
以至道元年正月宫成民不知勞天下頌之至慶暦
三年十二月有司不戒于火一夕而燼自是為荆棘

瓦礫之場凡三十七年元豐二年二月　神宗皇帝
始命道士王太初居宫之故地以法籙符水為民禳
禬民趨歸之稍以其力修復祠宇詔用日者言以宫
之所在為國家子孫地乃賜名上清儲祥宫且賜度
牒與佛廟神祠之遺利為錢一千七百四十七萬又
以官田十四頃給之刻玉如漢張道陵所用印及所
被冠佩劍履以賜太初所以寵之者甚備宫未成者
十八而太初卒　太皇太后聞之喟然歎曰民不可
勞也兵不可役也太司徒錢不可發也而　先帝之
意不可以不成乃勑禁中供奉之物務從約損斥賣

珠玉以巨萬計凡所謂以天下養者悉歸之儲祥積
會所賜為錢一萬七千六百二十八萬而宮乃成內
出白金六千三百餘兩以為香火瓜華之用召道士
劉應真嗣行太初之法命入內供奉官陳衍典領其
事起四年之春訖六年之秋為三門兩廡中大殿三
旁小殿九鐘經樓二石壇一建齋殿于東以待臨幸
築道館于西以居其徒凡七百餘間雄麗靖深為天
下偉觀而民不知有司不與焉嗚呼其可謂至德也
已矣臣謹按道家者流本出於黃帝老子其道以清
淨無為為宗以虛明應物為用以慈儉不爭為行合

於周易何思何慮論語仁者靜壽之說如是而已自秦漢以來始用方士言乃有飛僊變化之術黃庭大洞之法太上天真木公金母之號延康赤明龍漢開皇之紀天皇太一紫微北極之祀下至於丹藥奇技符籙小數皆歸於道家學者不能必其有無然臣嘗竊論之黃帝老子之道本也方士之言末也修其本而末自應故仁義不施則韶濩之樂不能以降天神忠信不立則射鄉之禮不能以致刑措漢興蓋公治黃老而曹參師其言以謂治道貴清靜而民自定以此爲政天下歌之曰蕭何爲法講若畫一曹參代之

守而勿失載其清靜民以寧壹其後文景之治大率
依本黃老清心省事薄斂緩獄不言兵而天下富臣
觀　上與　太皇太后所以治天下者可謂至矣儉
身以律物故不怒而威損利以予民故不藏而富屈
己以消兵故不戰而勝虛心以觀世故不察而明雖
黃帝老子其何以加此本既立矣則又惡衣菲食卑
宮室陋器用斥其贏餘以成此宮上以終　先帝未
究之志下以為子孫無疆之福宮成之日民大和會
鼓舞謳歌聲聞于天天地喜答神祇來格祝史無求
福祿自至時萬時億永作神主故曰修其本而末自

應豈不然哉臣既書其事　皇帝若曰大哉　太祖之功　太宗之德　神宗之志而聖母成之汝作銘詩而朕書其首曰上清儲祥宮碑臣軾拜手稽首獻銘曰

天之蒼蒼正色非耶其視下也亦若斯耶我作上清儲祥之宮無以來之其肯我從元祐之政媚于上下何脩何營曰是四者民懷其仁吏服其廉鬼畏其正神予其謙帝既子民維子之視云何事帝而瘠其子允哲　文母以公滅私作宮于柱人初不知於皇祖宗在帝左右風馬雲車從帝來狩閱視新宮察民

之言佑我　文毋及其孝孫孝孫來饗左右耆耇無
競惟人以燕我後多士為祥　文毋所培我膺受之
篤其成材千石之鐘萬石之虡相以銘詩震于四海

昭靈侯廟碑一首

昭靈侯南陽張公諱路斯隋之初家頴上縣百社村
年十六中明經第唐景龍中為宣城令以才能稱夫
人石氏生九子自宣城罷歸常釣于焦氏臺之陰一
日顧見釣處有宮室樓殿遂入居之自是夜出旦歸
輙體寒而濕夫人驚問之公曰我龍也蓼人鄭祥遠
者亦龍也與我爭此居明日當戰使九子助我領有

絳綃者我也青綃者鄭也明日九子以弓矢射青綃
者中之怒而去公亦逐之所過為谿谷以達于淮而
青綃者投于合淝之西山以死為龍穴山九子皆化
為龍而石氏葬關洲公之兄為馬步使者子孫散居
潁上其墓皆存焉事見于唐布衣趙耕之文而傳于
淮潁間父老之口載于歐陽文忠公之集古録云自
景龍以來潁人世祠之于焦氏臺乾寧中刺史王敬
蕘始大其廟有宋乾德中蔡州大旱其刺史司超聞
公之靈築祠于蔡既雨翰林學士承旨陶穀為記其
事蓋淮南至于蔡許陳汝皆奔走奉祠景德中諫議

大夫張秉奉詔益新潁上祠宇而熙寧中司封郎中張徽奏乞爵號詔封公昭靈侯石氏柔應夫人廟有穴五往往見變異出雲雨或投器穴中則見于池而近歲有得蛻骨于池者金聲玉質輕重不常今藏廟中元祐六年秋旱甚郡守龍圖閣學士左朝奉郎蘇軾迎致其骨于西湖之行祠與吏民禱焉其應如響乃益治其廟作碑而銘之銘曰

維古至人泠然乘風變化往來不私其躬道本於仁仁故能勇有殺有生以仁為終相彼幻身何適不通地行為人天飛為龍惠于有生我則從之淮潁之間

篤生張公跨歷隋唐顯于有宋上帝寵之先帝封之
昭于一方萬靈宗之哀哉頑民處瘠而窮地傾東南
潦水所鍾忽焉歸壑千里一空公居其間拯溺弔亾
救藥疾癘驅壞螟蝨開闔抑揚孰知其功坎坎擊鼓
巫師老農斗酒隻鷄四簋其饈度公之居貝闕珠宫
揆公之食瓊醴玉饔何以稱之我愧于中公之所饗
惟誠與恭誠在愛民無傷農工恭不在外洗濯厥胷
以此事神神聽則聰敢有不然上帝恫之

潮州韓文公廟碑一首

匹夫而為百世師一言而為天下法是皆有以參天

地之化闔盛衰之運其生也有自來其逝也有所為
矣故申呂自嶽降而傅說為列星古今所傳不可誣
也孟子曰吾善養吾浩然之氣是氣也寓於尋常之
中而塞乎天地之間卒然遇之則王公失其貴晉楚
失其富良平失其智賁育失其勇儀秦失其辯是孰
使之然哉其必有不依形而立不恃力而行不待生
而存不隨死而亡者矣故在天為星辰在地為河嶽
幽則為鬼神而明則復為人此理之常無足怪者自
東漢以來道喪文弊異端並起歷唐貞觀開元之盛
輔以房杜姚宋而不能救獨韓文公起布衣談笑而

麾之天下靡然從公復歸於正蓋三百年於此矣文
起八代之衰而道濟天下之溺忠犯人主之怒而勇
奪三軍之帥豈非參天地關盛衰浩然而獨存者乎
蓋嘗論天人之辨以謂人無所不至惟天不容僞智
可以欺王公不可以欺豚魚力可以得天下不可以
得匹夫匹婦之心故公之精誠能開衡山之雲而不
能回憲宗之惑能馴鱷魚之暴而不能弭皇甫鎛李
逢吉之謗能信於南海之民廟食百世而不能使其
身一日安於朝廷之上蓋公之所能者天也所不能
者人也始潮人未知學公命進士趙德爲之師自是

潮之士皆篤于文行延及齊民至于今號稱易治信乎孔子之言君子學道則愛人而小人學道則易使也潮人之事公也飲食必祭水旱疾疫凡有求必禱焉而廟在刺史公堂之後民以出入爲艱前守欲請諸朝作新廟不果元祐五年朝散郎王君滌來守是邦凡所以養士治民者一以公爲師民既悅服則出令曰願新公廟者聽民讙趨之卜地於州城之南七里朞年而廟成或曰公去國萬里而謫于潮不能一歲而歸沒而有知其不眷戀于潮審矣軾曰不然公之神在天下者如水之在地中無所往而不在也而

潮人獨信之深思之至君蒿悽愴若或見之譬如鑿井得泉而曰水專在是豈理也哉元豐七年詔封公昌黎伯故榜曰昌黎伯韓文公之廟潮人請書其事于石因作詩以遺之使歌以祀公其詞曰

公昔騎龍白雲鄉手抉雲漢分天章天孫爲織雲錦裳飄然乘風來帝旁下與濁世掃粃糠西游咸池略扶桑草木衣被昭回光追逐李杜參翱翔汗流籍湜走且僵滅没倒景不可望作書詆佛譏君王要觀南海窺衡湘歷舜九疑弔英皇祝融先驅海若藏約束鮫鰐如驅羊鈞天無人帝悲傷謳吟下招遣巫陽爆

牲雞卜羞我觴於桑荔丹與蕉黃公不少留我涕滂翩然被髮下大荒

峻靈王廟碑一首

古者王室及大諸侯國皆有寶周有琬琰大玉魯有夏后氏之璜皆所以守其社稷鎮撫其人民也唐代宗之世有比丘尼若夢恍惚見上帝者得八寶以獻諸朝且傳帝命曰中原兵久不解腥聞于天故以此寶鎮之則改元寶應以是知天亦分寶以鎮世也自徐聞渡海歷瓊至儋又西至昌化縣西北二十里有山秀峙海上石峯巉然若巨人冠帽西南向而坐者

俚人謂其山胳膊而偽漢之世封山神爲鎮海廣徳王五代之末南夷有知望氣者曰是山有寶氣上達于天艤舟其下斵山發石以求之夜半大風浪駕其舟空中碎之石峯下夷皆溺死儋之父老猶有及見敗舟山上者今獨有斫石存焉耳天地之寶非人所得睥睨者張華使其客雷煥發豐城獄取寶劔佩之華終以忠遇戮坐此也夫今此山之上上帝賜寶以奠南極而貪冒無知之夷欲以力取而已有之其誅死宜哉皇宋元豐五年七月詔封山神爲峻靈王用部使者承議郎彭次雲之請紹聖四年七月瓊州别

駕蘇軾以罪謫于儋至元符三年五月有詔徙廉州自念謫居海南三歲飲鹹食腥陵暴颶霧而得還者山川之神實相之再拜稽首西嚮而辭焉且書其事碑而銘之山有石池產紫鱗魚民莫敢犯石峯之側多荔支黄柑得就食持去則有風雹之變其銘曰

瓊崖千里塊海中民夷錯居古相容方壺蓬萊此別宫峻靈獨立秀且雄為帝守寶甚嚴恭庇廕嘉穀歲屢豐小大逍遥遠鰕龍鶢鶋安栖不避風我浮而西今復東銘碑晔然照無窮

伏波將軍廟碑一首

漢有兩伏波皆有功德於嶺南之民前伏波邳離路
侯也後伏波新息馬侯也南越自三代不能有秦雖
稍通置吏旋復為夷邳離始伐滅其國開九郡然至
東漢二女子側貳反嶺南震動六十餘城世祖初平
天下民勞厭兵方閉王關謝西域況南荒何足以辱
王師非新息苦戰則九郡左袵至今矣由此論之兩
伏波廟食於嶺南者均也古今之傳莫能定于一自
徐聞渡海適朱崖南望連山若有若無杳杳一髮耳
艤舟將濟眩栗喪魄海上有伏波祠元豐中詔封忠
顯王凡濟海者必卜焉曰某日可濟乎必吉而後敢

濟使人信之如度量衡石必不吾欺者嗚呼非盛德其孰能然自漢以來朱崖儋耳或置或否揚雄有言朱崖之棄捐之之力也否則介鱗易我衣裳此言施於當時可也自漢末至五代中原避亂之人多家於此今衣冠禮樂蓋斑斑然矣其可復言棄乎四州之人以徐聞為咽喉南北之濟者以伏波為指南事神其敢不恭軾以罪謫儋耳三年今乃獲還海北往返皆順風念無以答神貺者乃碑而銘之銘曰

至嶮莫測海與風至幽不仁此魚龍至信可恃漢兩公寄命一葉萬仞中自此而南洗汝胷撫育民夷必

東坡後集卷第十五

汲愈雄神雖無言意我同

淸通自此而北瑞汝躬屈信窮達常正也生爲人英

東坡後集卷第十六

傳

祝文

謝晴祝文一首
祈雨僧伽塔祝文一首
定州謁諸廟祝文一首
謁文宣王廟祝文一首
北嶽祈雨祝文一首
立春祭土牛祝文一首
春祈北嶽祝文一首
春祈諸廟祝文一首
祈雨諸廟祝文一首
辭定州諸廟祝文一首

祭文

祭亡妹德化縣君文一首

祭柳仲遠文一首　祭吴子野文一首

傳

率子廉傳一首

率子廉衡山農夫也愚朴不遜衆謂之率牛晚隷南嶽觀爲道士觀西南七里有紫虛閣故魏夫人壇也道士以荒寂莫肯居者惟子廉樂之端默而已人莫見其所爲然頗嗜酒往往醉卧山林間雖大風雨至不知虎狼過其前亦莫害也故禮部侍郎王公祐出守長沙奉詔禱南嶽訪魏夫人壇子廉方醉不能起

直視公曰村道士愛酒不能常得得輒徑醉官人恕
之公察其異載與俱歸居月餘落漠無所言復送還
山曰尊師韜光内映老夫所不測也當以詩奉贈既
而忘之一日晝寢夢子廉來索詩乃作二絶句書板
置閣上衆道士驚曰率牛何以得此太平興國五年
六月十七日忽使謂觀中人曰吾將有所適閣不可
無人當速遣繼我者衆道士自得王公詩稍異之矣
及是驚曰天暑如此率牛安往狼狽往視則死矣衆
始大異之曰率牛乃知死日耶葬之嶽下未幾有南
臺寺僧守澄自京師還見子廉南薰門外神氣清逸

守澄問何故出山笑曰閑遊耳寄書與山中人澄歸乃知其死驗其書則死日也發其冢杖屨而已東坡居士曰士中有所挾雖小技不輕出也況至人乎至人固不可得識至人者豈易得哉王公非得道不能知率牛之異也居士嘗作三槐堂記意謂公非獨慶流其子孫庶幾身得道者及見率子廉事益信其然公詩不見全篇書以遺其曾孫鞏使求之家集而補之或刻石置紫虛閣上

祝文

潁州謁文宣王廟祝文一首

軾以諸生遭遇入侍帷幄出典民社莅事之始祗見
于學先聖先師實臨之敬行所聞敢忘其舊尚饗

謁諸廟祝文一首

軾以侍臣出守承宣上意以民為本祗敬事神所以
芘民莅事之始祗見祠下尚饗

德音到州祭諸廟祝文一首

維年月日具位蘇軾謹以清酌庶羞之奠敢昭告于
某神上清儲祥宮成敷宥四海均福于下有詔守臣
凡在秩祀罔不祗薦維神導和卻沴保民無疆以稱
朝廷至仁之意尚饗

祈雨迎張龍公祝文

維元祐六年歲次辛未十月丙辰朔二十五日庚辰龍圖閣學士左朝奉郎知潁州軍州事蘇軾謹請州學教授陳師道并遣[illegible]承務郎迨以清酌庶羞之奠敢昭告于昭靈侯張公之神稽首龍公民所祗威德博而化能潛能飛食于潁人淮潁是依受命天子命服有輝為國庇民凡請莫違歲旱夏秋秋穀既徵冬又不雨麥槁而腓閔閔農夫望歲畏飢並走群望莫哀我欷於赫遺蜕靈光照幃惠肯臨我言從其妃翺舞雩詠薦其絜肥雨雪在天公執其機游戲俛仰

千里一麾被及淮甸三輔王畿積潤滂流浹日不晞我率吏民鼓鐘旄旂拜送于郊以華其歸尚饗

送張龍公祝文一首

維元祐六年歲次辛未十二月乙酉朔十日甲午龍圖閣學士左朝奉郎知潁州軍州事兼管内勸農使輕車都尉賜紫金魚袋蘇軾謹以清酌庶羞之奠敢昭告于昭靈侯張公之神赫赫龍公甚武且仁赴民之急如謀其身有不應祈惟汝不虔我自洗濯齋居誠陳旱我之罪勿移於民公顧聽之如與我言玉質金相其重千鈞惠然肯來其者四人眷此行宫爲留

浹辰再兩一雪既洽且均何以報之榜銘皆新詔公
之德于億萬年惟師道追復錢公還咨爾庶邦益敬
事神尚饗

立春祭土牛祝文一首

三陽既應庶草將興爰出土牛以戒農事丹青設象
蓋惟風俗之常耕穫待時必有陰陽之助仰惟靈德
佑我穡人尚饗

謝晴祝文一首

吏既不德致災病民一雨一霽輙號于神風回雪止
農事並作神則有功吏亦知作凍餒之蘇其賜不貲

嗟我吏民爲報之微尚饗

祈雨僧伽塔祝文一首

維元祐七年歲次壬申三月甲申朔十二日乙未龍圖閣學士左朝奉郎新知揚州軍州事充淮南東路兵馬鈐轄蘇軾謹以香燭茶果之供敢昭告于大聖普照王之塔淮東西連歲不稔農末皆病公私並竭重以浙右大荒無所仰食望此夏田以日爲歲大麥已秀小麥已孕時雨不至垂將焦枯凶豐之決近在旬日軾移守廣陵所部十郡民窮爲盜職所當憂才短德薄救之無術伏願大聖普照王以解脫力行平

等慈噫欠雲雷咳唾雨澤救焚拯溺不待崇朝敬瀝

肝膽尚鑒聽之

定州謁諸廟祝文一首

惟皇上帝分命群祀降鑒下土惟我元后臨遣近臣

鎮撫一方幽明雖殊保民惟均莅事之始祗見祠下

若賦政疵纇敢逃其罰雨暘以時疾疫不作亦竊有

望于神尚饗

謁文宣王祝文一首

軾以諸生進位于朝入叅侍從出典方面莅事之始

祗見廟下居敬行簡以臨其民軾雖不敏請事斯語

尚饗

北嶽祈雨祝文一首

維元祐九年歲次甲戌四月壬寅朔十六日丁巳端明殿學士兼翰林侍讀學士左朝奉郎定州路安撫使兼馬步軍都總管知定州軍州及管内勸農使輕車都尉賜紫金魚袋蘇軾敢以制幣茶果清酌之奠敢昭告于北嶽安天元聖帝都城以北燕薊之南既祖歲而不登又歷時而未雨公私並竭農末皆傷麥將槁而禾未生民既流而盜不止豐凶之決近在浹辰溝壑之憂上貽當宁仰止喬嶽食于朔方卷舒雲

霓呼吸雨霽若其安視小民之急何以仰符上帝之仁軾以短才謬膺重寄儻有罪以致旱盍降罰于微躬今者得請于朝齋居以禱旦夕是望吁嗟而求雨我夏田兼致西成之富實茲邊廩少寬北顧之憂拜賜以時敢忘其報尚饗

立春祭土牛祝文一首

敢昭告于勾芒之神木鐸傳音官師相儆土牛示候稼穡將興敢徼福于有神庶保民于卒歲無作水旱以登麥禾尚饗

春祈北嶽祝文一首

西起太行東屬碣石南至于河皆神所食吏謹刑政
農畢其力風雨時若則神之職方此東作敬薦其絜
鍚之豐歲以昭靈德尚饗

春祈諸廟祝文一首

天既佑民必期於無害農惟望歲敢請于有神願疾
沴之不興庶風雨之時若敢忘舊典以報豐年尚饗

祈雨諸廟祝文一首

某神之靈去歲之秋民苦飢饉望此一麥以日為歲
不雨彌月敢以病告與其救之於已竭不若起之於
未枯敢冀有神時賜甘澤豐登之報我其敢忘尚饗

定州諸廟祝文一首

軾得罪于朝將遺贊表雖以請去敢不告行區區之
心神所鑒聽尚饗

祭文

祭大鑒禪師文一首

維年月日具位蘇軾謹以香茶蔬果致奠故大鑒禪
師器之之靈於穆　仁祖威神在天山陵之成二十
九年嘗時遺老存者幾人剡如禪師方外之臣頌詩
往來月璧星珠昭回之光下燭海隅昔未無生今亦
無滅人康　昭陵佛四買嘗我在壯歲屢親法筵腆

奠示別豈免悽然尚饗

祭歐陽文忠公文一首 潁州

維元祐六年歲次辛未九月丙戌朔從表姪具位蘇軾謹以清酌肴果之奠昭告于故太師兗國文忠公安康郡夫人之靈嗚呼軾自齠齓以學為嬉童子何知謂公我師晝誦其文夜夢見之十有五年乃克見公公為拊掌歡笑改容此我輩人餘子莫羣我老將休付子斯文再拜稽首過矣公言雖知其過不敢不勉契闊艱難見公汝陰多士方譁而我獨南公曰子來實獲我心我所謂文必與道俱見利而遷則非我

徒又拜稽首有死無易公雖云亡言如皎日元祐之初起自南遷叔季在朝如見公顔入拜夫人羅列諸孫敢以中子請婚叔氏夫人曰然師友之義凡二十年再升公堂深衣廟門垂涕失聲白髮蒼顔復見潁人潁人思公曰此門生雖無以報不辱其門清潁洋洋東注于淮我懷先生豈有涯哉尚饗

祭張文定公文 三首

維元祐六年歲次辛未十二月乙卯朔八月壬戌門生龍圖閣學士左朝奉郎知潁州軍州事兼管内勸農使輕車都尉賜紫金魚袋蘇軾謹以清酌庶羞之

奠昭告于故太子太保樂全先生張公之靈嗚呼道大如天見存乎人小智自私莫識其真公生而悟得其全渟久乃妙物凛然凝神初如龍鳳不可擾馴游于帝郊尚以其仁可望可見而不可親師心而行自屈自信八十五年以沒元身我先大夫古之天民被褐懷寶陸沈峩岷公曰惜哉王國之珎此太史公筆回千鈞獨置一榻不延餘賓時我兄弟尚未冠紳得交于公先子是因我晚聞道困于垢塵每從公談棄故服新項獨怪公倒廩傾囷盡發其祕有懷畢陳曰再見子恐無復辰出戶遲遲默焉銜辛穆穆　昭陵

二三元臣惟公終始高節邁倫一慟永已山摧川堙
公視富貴如賤與貧公視生死如夕與晨老不惰媮
疾不嚬呻有化非亡有隱非淪我獨何爲涕流于巾
嗚呼哀哉尚饗

軾於天下未嘗誌墓獨銘五人皆盛德故偉歟我公
實浮於聲知公者天寔俟此銘今公永歸我留淮海
寓辭千里濡袂有漼尚饗

我游門下三十八年如俯仰中十五年間六過南都
而五見公升堂入室問道學禮靡求不供有契于心
如水傾海如橐鼓風風水之合豈特無異將初無同

孰云此來慟哭不聞高堂莫空欽不拊棺葬不執紼
我愧于胷公知我深我豈不知公之所從生不求人
沒不求天自與天通天不吾欺壽考之餘報施亦豐
一子四孫鸞鵠在庭以華其終自我先子逮今三世
為好無窮以我此心與此一觴達于幽宫尚饗

祭龍井辯才文一首

嗚呼孔老異門儒釋分宫又於其間禪律相攻我見
大海有北南東江河雖殊其至則同雖大法師自戒
定通律無持破垢淨皆空講無辯訥事理皆融如不
動山如常撞鐘如一月水如萬竅風八十一年生雖

有終遇物而應施則無窮我初適吴尚見五公講有辯臻禪有璉嵩後二十年獨餘此翁今又往矣後生誰宗道俗欷歔山澤改容誰持一盃往吊井龍我去杭時白叟黄童要我復來已許于中山無此老去將安從噫參寥子往奠必躬豈無他人莫寫我胷

祭亡妻同安郡君文一首

維元祐八年歲次癸酉八月丙午朔初二日丁未具位蘇軾謹以家饌酒果致奠于亡妻同安郡君王氏二十七娘之靈嗚呼昔通義君没不待年嗣爲兄弟莫如君賢婦職既修母儀甚敦三子如一愛出于天

從我南行菽水欣然湯沐兩郡喜不見顏我曰歸哉
行返丘園曾不少須棄我而先孰迎我門孰餽我田
已矣柰何淚盡目乾旅殯國門我實少恩惟有同穴
尚蹈此言嗚呼哀哉尚饗

祭韓忠獻公文一首 定州

維元祐八年歲次癸酉十一月初一日乙亥端明殿
學士兼翰林侍讀學士左朝奉郎定州路安撫使兼
馬步軍都總管知定州軍州事上輕車都尉賜紫金
魚袋蘇軾謹以清酌庶羞之奠昭告于魏國忠獻公
之靈嗚呼我生雖晚尚及昔人堂堂魏公河嶽之神

四十餘年其德日新鐘鼎有盡竹帛莫陳惟其大節
蔽以一言忠以事君允也上臣我與弟轍來自峨岷
公罔羅之若獲鳳麟契闊艱難手書見存勿以大匠
笑彼汗顔援手拯溺期我於仁豈知無用既老益頑
意廣才疎將歸丘園上未忍棄畀之中山公治此邦
沒食其民我獨何幸敬踐後塵公惟人傑而不自賢
堂名閱古以古律身况我小生罕見寡聞敢不師公
治民與軍雖無以報不辱其門尚饗

大行太皇太后靈駕發引文一首　定州

因山告成同軌畢至玉衣永閟風馭莫追萬國山河

尚憑於坤載四方老穉遽失於母慈欲號名言難形
德化積此九年之澤輔成百世之安乃眷中山控臨
朔野華戎異服沸慕同聲目斷東朝永絕簾帷之望
神馳西洛想聞笳鼓之音臣等各守邊垂莫親饋奠
徒因僚吏遠致薄奠尚饗

祭滕大夫母楊夫人文一首

維元祐九年歲次甲戌三月壬申朔端明殿學士兼
翰林侍讀學士左朝奉郎知定州軍州事蘇軾謹以
清酌庶羞之奠昭告于近故長安縣太君楊氏之靈
嗚呼士盛慶膺府如漢武宣用兵西方故西多賢惟時

滕公實顯于西文武殿邦尹范是齊功名不終有命有義我時童子知為公喟四十餘年墓木十圍乃識其子傾蓋不疑忠厚且文前人是似秉心平反慈訓則爾仰止徳人如岡如陵升堂而拜我愧未能豈其微疾一慟永已胡不百年以慰其子壽禄在天考終非亡鵲巢之應子孫其昌尚饗

惠州祭枯骨文一首

爾等暴骨于野莫知何年非兵則民皆吾赤子恭惟朝廷法令有掩骼之文監司舉行無吝財之意是用一新此宅永安厥居所恨犬豕傷殘螻蟻穿穴但為

蘘冢罕致全軀幸雜居而靡爭義同兄弟或解脫而無戀超生人天

祭亡妹德化縣君文一首

嗚呼宮傅之孫十有六人契闊死生四人僅存維我令妹慈孝溫文事姑如母敬夫如賓玉立二甥實華我門一秀不實何辜於神謂當百年覩此騰振云何俯仰一嚬再呻救藥靡及奄為空雲萬里海涯百日訃聞拊棺何在夢淚濡茵長號北風寓此一樽

祭柳仲遠文二首

嗚呼哀哉我生多故愈老愈艱親朋幾人日化日遷

逝者如風計來逾年一慟海徼摧胷破肝痛我令妹
天獨與賢德如召南壽甫見孫矧我仲遠孝友恭温
天若成之從致有聞富以學術又昌以言久而不試
理豈其然崎嶇有求凡以爲親雖不負米實勞且勤
知止于此不如歸閑哀我孤甥孝如閔顏衛痛遠訴
誰撫誰存逝者已矣存者何冤慎勿致毀以全汝門
以慰我仲遠永歸之竄嗚呼哀哉尚饗
我厄于南天降罪疾方之古人百死有溢天不我亡
亡其朋戚如柳氏妹夫婦連壁云何兩逝不憗遺一
我歸自南宿草再易哭墮其目泉壤咫尺闕也有立

氣貫金石我窮且老似舅何益易其墓側可置萬室天定勝人此語其必尚饗

祭吴子野文一首

嗚呼子野道與世違寂默自求闔門垂幃兀爾坐忘有似子微或似壺子杜氣發機徧交公卿靡所求希急人緩己忘其渴飢道路為家惟義是歸卒老于行終不自非送我北還中道弊衣有疾不藥但却甘肥問以後事一笑而麾飄然脱去雲散露晞我獨何為感歎歔欷一酹告訣逝舟東飛尚饗

東坡後集卷第十六